『実践 不測の時代におけるオールハザード BCP』正誤表

下記の箇所に誤りがありましたので訂正させていただきます。

p.56 図表（一部）

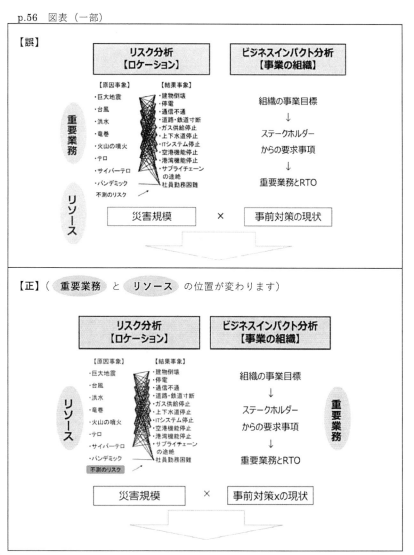

〈2024 年 2 月 22 日 初版発行分〉同文舘出版株式会社

『実践 不測の時代におけるオールハザード BCP』正誤表

下記の箇所に誤りがありましたので訂正させていただきます。

p.88　図表

【誤】

NO	リソース	予測可能なリスクへの減災対策			使用不能となった場合の代替方法による対策		
		あるべき姿	現状	できていること／いないこと	あるべき姿	現状	できていること／いないこと

【正】（p.128 の表と同じものが入ります）

NO	優先業務	レベル 2（甚大）の対応 ※建物は無事だが様々なリソースに被害が発生	レベル 3（壊滅）の対応 ※建物が損壊し、避難せざるを得ないほどの状況

〈2024 年 2 月 22 日　初版発行分〉同文舘出版株式会社

実践

不測の時代における
オールハザード
BCP

東京海上ディーアール株式会社 編

同文舘出版

はじめに

　2005 年 8 月に内閣府事業継続ガイドライン（第 1 版）が公表されてから 18 年となりました。2005 年当時と比べると、BCP（事業継続計画）の認知度は高まり、様々な業種の企業で BCP の策定は着実に進んできました。

　一方で、既に BCP 策定済の企業でも、新型コロナウイルス感染症の流行、サイバー攻撃、ロシアのウクライナ侵攻や米中対立などによる地政学リスクの高まりなどにより、自社の BCP に関して様々な悩みや不安を抱えている状況にある企業が多いのではないかと思われます。

　BCP コンサルティングの現場において、以下のようなお客様の声が増えています。
・前任者が策定した BCP があるが、本社は使用可能、停電は 3 日で解消される、という前提である。これでいいのだろうか？
・策定済の BCP はオールハザード（または、マルチハザード）をうたっているが、実際には地震想定の BCP である。これでは多様化するリスクに対応できるとは思えない。どうすればいいのだろうか？
・PDCA が必要というので、毎年、形式的に地震発生時の初動対応の訓練を行なっているが、これでいいのだろうか？
・BCP をゼロベースで見直したい。そのため、既存の BCP を評価してほしい。どこをどのように見直せばいいのか、答えがなく悩んでいる。

　これらの不安や疑問の根底にあるのは、「オールハザード BCP」とはどういうものか、その「あるべき姿」をイメージできていないことに起因しているのではないかと思われます。

　「あるべき姿」がないまま、事業継続の PDCA を回しても、空回りするだ

けです。事業継続の取組みが長続きするはずもありません。

　そこで、原点に立ち返ってBCPとは何かを考え、オールハザード型BCPのあるべき姿を目指し、事業継続の取り組みを一過性に終わらせるのではなく持続的なものにするためにはどうすればよいか、について整理したいと思い、本書を出版することといたしました。

　企業でBCPの策定やBCM（事業継続マネジメント）の運用に取り組んでおられる方々、その責任者の方々のお役に立てるよう、考え方をお示しするとともに、具体的な実践例も、規模別・業種別のポイントを含めて掲載するよう努めました。少しでも参考になれば幸いです。

　2023年12月

執筆者

『実践　不測の時代におけるオールハザード BCP』◎目次

第 3 章　オールハザード BCP の
　　　　策定プロセス 1：分析・検討

第 4 章　オールハザード BCP の
　　　　策定プロセス 2：計画

第5章　オールハザード BCP の訓練について

第6章　持続可能な BCM システムの構築

■略語一覧

略語	英語表記	日本語表記
BCP	Business Continuity Plan	事業継続計画
BCM	Business Continuity Management	事業継続マネジメント
BIA	Business Impact Analysis	ビジネスインパクト分析
MTPD	Maximum Tolerable Period of Disruption	最大許容停止時間
RTO	Recovery Time Objective	目標復旧時間
RT	Recovery Time	現状の予想復旧時間
RLO	Recovery Level Objective	目標復旧レベル

※本書の図表のうち出所が記載されていないものは、編者作成によるものである。

第 **1** 章

これからの事業継続

本章では、日本におけるこれまでの事業継続計画（BCP）に関する経緯や課題について、そして、持続的な事業継続マネジメント（BCM）の仕組みを構築するために、どのような思考法で取り組めばよいかについて説明します。

1 日本企業のこれまでの取組み

　まず初めに、これまでの日本企業の BCP 策定の経緯を概観します。

（1）BCP の策定率は向上

　内閣府（防災担当）が初めて「事業継続ガイドライン」（以下「内閣府事業継続ガイドライン」という）を公表したのは、2005 年 8 月でしたが、その後 2 年おきに「企業の事業継続及び防災の取組に関する実態調査」が行われ、BCP の策定率が公表されています。

　令和 3 年度（2021 年度）調査時点における BCP の策定状況を見ると、策定済み、策定中を合わせ、大企業で 85.1％、中堅企業で 51.9％と、概ね順調に普及してきたといえるでしょう。

調査年	BCP 策定率					
	大企業			中堅企業		
	策定済	策定中	計	策定済	策定中	計
2007	18.9	16.4	35.3	12.4	3.4	15.8
2009	27.6	30.8	58.4	12.6	14.5	27.1
2011	45.8	26.5	72.3	20.8	14.9	35.7
2013	53.6	19.9	73.5	25.3	12.0	37.3
2015	60.4	15.0	75.4	29.9	12.1	42.0
2017	64.0	17.4	81.4	31.8	14.7	46.5
2019	68.4	15.0	83.4	34.4	18.5	52.9
2021	70.8	14.3	85.1	40.2	11.7	51.9

出所：内閣府「令和 3 年度企業の事業継続及び防災の取組に関する実態調査」
2022 年 3 月。

（2）内閣府事業継続ガイドライン改訂の経緯と日本企業における課題

　一方で、各企業が策定したBCPは、現在のリスク環境に適した内容になっているのでしょうか。

　企業がBCPを策定する際の参考として、最も活用されている「内閣府事業継続ガイドライン」は、事業継続に関する危機的事象の教訓、関連制度の整備、経済・社会の変化等を踏まえ、改訂を重ねてきました。

年月	内閣府事業継続ガイドライン	改訂の主旨
2005 年 8 月	第 1 版	初版
2009 年 11 月	第 2 版	新型インフルエンザ対応
2013 年 8 月	第 3 版	東日本大震災の教訓 国際標準（ISO）化対応
2021 年 4 月	令和 3 年 4 月版	（マイナーチェンジ） 水害・土砂災害等避難
2023 年 3 月	令和 5 年 3 月版	（マイナーチェンジ） オンライン活用で方針意思決定 情報セキュリティー強化

　2004年に内閣府中央防災会議でまとめられた「首都直下地震被害想定」が公表され、続いて2005年に「内閣府事業継続ガイドライン」の第1版がまとめられました。

　その後、新型インフルエンザ対応を加筆して改訂された第2版が2009年に、2011年3月の東日本大震災の教訓と、事業継続の国際標準規格（ISO 22301）をもとに改訂された第3版が2013年に公表されました。

　この第3版は、それまで「まずは震度6強の地震を対象、本社は無事、停電は3日間などを想定」して策定した企業が多かったのですが、東日本大震災の際に「そのような考え方では想定外に対応できない」という声が上がり、大きく見直されたのでした。

「内閣府事業継続ガイドライン（第3版）」の改訂のポイントとして、特に重要と考える文章を抜粋すると、以下のとおりです。

・BCM は**「どのような危機的な発生事象」に直面しても重要業務を継続する**、という目的意識を持って実施するもの（p.13）

・BCM では、自社に生じた事態を**原因事象**（例えば、直下型地震）により考えるのでなく、**結果事象**（例えば、自社の○○拠点が使用不能）により考え、対応策を検討することが推奨される。（p.15）
　脚注：この考え方は、想定外の被害を受けた場合にも、「結果事象」としてみた被害が同じものであるならば、そのための戦略・対策は、この想定外の被害の場合でも有効と期待できるという発想が背景にある。

・ここでは基本的にリスク分析・評価で特定した1つの危機的な事象（インシデント）により発生する被害を想定して作業を進めているが、可能な範囲でこの**被害の想定には段階をつけて（例えば、軽微、甚大、壊滅）、それぞれに戦略および対策を検討することがより実践的**である。（p.17）
　脚注：例えば、被害が軽微な場合は現地復旧、甚大な場合には現地に戻ることを前提とした代替拠点での対応、壊滅の場合は現地復旧を考えない代替拠点での対応、あるいは事業から撤退などが考えられる。

　これらの主旨を整理すると、以下の3点となります。
①「どのような危機的な発生事象」に直面しても重要業務を継続する
　　⇒オールハザード（すべての災害）に対応する
②原因事象ではなく、結果事象で考える
③被害の程度は、3段階（軽微・甚大・壊滅）で考える

　さらに、全体としては、何が変わったのでしょうか。「内閣府事業継続ガイドライン」の第2版と第3版の全体の考え方の違いを比較するため、BCP策定／BCM のプロセスに関するフロー図を見比べてみましょう。

〈「第2版」で示されていた「事業継続の取組みの流れ」〉

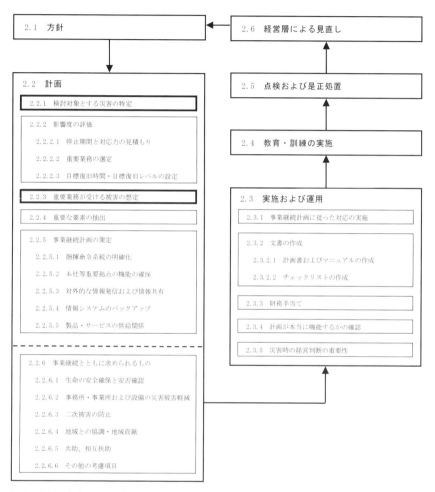

出所：「内閣府事業継続ガイドライン（第2版）」2009年11月、p.11。

〈「第 3 版」で示された「事業継続マネジメント（BCM）の全体プロセス」〉

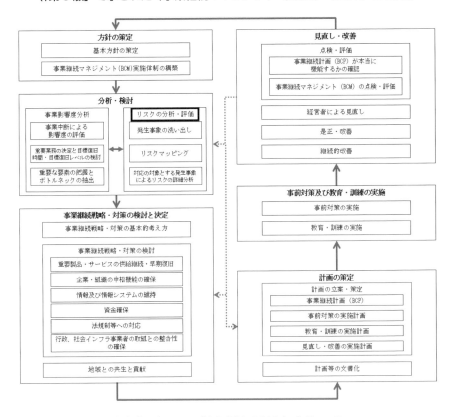

出所：「内閣府事業継続ガイドライン（第 3 版）」2013 年 8 月、p.8。

　この 2 つを見比べてみると、第 2 版に記載があった「検討対象とする災害の特定」と「重要業務が受ける被害の想定」がなくなり、第 3 版では、「分析・検討」のプロセスが括り出され「リスクの分析・評価」が新たに追加されたことがわかります（「事業影響度分析」は第 2 版にもありました）。
　すなわち、「災害を特定し、被害を想定する」というプロセスがなくなり、変わって「リスクを分析・評価する」というプロセスが追加された、という

ことです。

この「内閣府事業継続ガイドライン（第3版）」が公表されたのは、東日本大震災発生から2年以上経過した2013年8月のことでしたが、それまで多大な工数をかけて地震対応のBCPを策定した企業にとっては、第3版の変化を自社のBCPに反映させることは難しく、手がつけられないままとなっている企業が多いのではないでしょうか。

なお、第3版では、「経営者の関与」と「事業継続マネジメント（BCM）」が重要であることが強調されましたが、第3版の変更点をBCPに反映させないまま、新たに「経営者の関与」と「事業継続マネジメント（BCM）」（→特に「訓練」の実施）に取り組んでいれば、あたかも第3版に対応しているような錯覚を起こしてしまったのではないかと思われます（もちろん「訓練」は重要ですが）。

一般社団法人 日本経済団体連合会（経団連）は、2021年2月16日「非常事態に対してレジリエントな経済社会の構築に向けて―新型コロナウイルス感染症の経験を踏まえて―」を公表し、「事業継続のための企業の取組み」として、「オールハザード型BCPへの転換」を提言しました。さらに、2023年4月11日「大規模災害に負けない持続可能な社会の構築―国土強靱化基本計画改定に向けて―」の中で、サプライチェーン全体での事業継続力の強化のためにも、「従来型のBCPを策定している企業においても『オールハザード型』の考え方で見直しを行い、さらに見直しによって得られる事業継続上の課題に対処し、事業継続力を高めることが求められる」としています。

経団連のこれらの提言は、2013年8月に、「内閣府事業継続ガイドライン」が大きく改訂されたにもかかわらず、この10年間、日本企業において「オールハザード型BCP」への転換がいかに進んでいないかの証左でもありま

す。

（3）「オールハザード型BCP」への転換が進まない理由

　では、なぜ、多くの企業で、内閣府事業継続ガイドライン（第3版）が提唱する「オールハザード型BCP」への転換が進んでこなかったのでしょうか？

　それは、内閣府事業継続ガイドライン（第3版）の改訂は、事業継続の「イノベーション」であったにもかかわらず、多くの日本企業が、その認識がないまま、既存文書をベースとした「加筆・修正」（改善）で何とか対応しようとしてきた結果であると考えられます。

　「イノベーション」とは、既存の技術の延長における「改善」ではなく、新技術の登場による「不連続な大きな変革」を意味します。

　BCPでいえば、内閣府事業継続ガイドライン（第3版）が提唱しているBCPは、それまでのBCPとは抜本的に異なる考え方とプロセスによって策定されるべきであるのに、一度策定した「大地震の被害想定を前提として対応方法を考えたBCP」があるがためにそれを捨てきれず、既存のBCPの修正の積み重ねで対応できないか、と考えてきたということです。

　これは、既存事業で成功しているので、新しい考え方を取り入れ一からやり直すことを躊躇するという経営者の「ジレンマ」という点で、いわゆる「イノベーションのジレンマ」といわれている現象と共通しているように思います。

2 これからの事業継続に求められるもの

(1) BCP 見直しのポイント

　地震、風水害、新型感染症、地政学リスク…、現代はまさにリスクが多様化し、先のことが予測できない時代です。このような「不測の時代」には、改めて内閣府事業継続ガイドライン（第3版）の原点に立ち返ってBCPを抜本的に改定する必要があるのではないでしょうか。

　見直しのポイントは以下のとおりです。

> ◆オールハザード BCP を策定する
> 　▶原因事象ではなく結果事象で考える
> 　▶リソース別対応戦略を検討する
> 　　・減災対策と代替方法準備
> 　　・あるべき姿と現状認識
> 　▶発生後の対応戦略を検討する
> 　　・被害レベルに応じた戦略
> 　　・あるべき姿と現状認識
>
> ◆持続可能な BCM システム（運用の仕組み）を構築する
> 　▶顧客目線の目標設定
> 　▶ BCM 運用ルールの設定

　詳細は、以下で説明します。
　・オールハザード BCP の策定：第2〜4章
　・持続可能な BCM システムの構築：第6章

（2）オールハザード BCP を検討するための思考法

　前述のとおり、第3版はイノベーションであるため、それまでの考え方とは異なる思考法が必要です。

①事象を抽象化して普遍的対策を考える：コンセプチュアル思考
②3つの ISO（リスクマネジメント、危機管理、事業継続）を組み合わせて使う
③あるべき姿を設定し、現状とのギャップを埋めていく：ビジョン・ドリブン
④「被害を想定する」から「リスクを分析する」に変える
⑤「虫の眼」ではなく「鳥の眼」で捉える

①事象を抽象化して普遍的対策を考える：コンセプチュアル思考

　前述のとおり、これまで政府は、大地震、水害、新型感染症など、大きな災害が発生するたびに、ガイドラインを改訂し企業に注意喚起を促してきました。その結果、企業においては、顕在化した事象を取り上げ、その対策をつけ加えるという形で BCP の見直しを重ねてきたところが多いのではないでしょうか。このやり方では、いつまで経っても「オールハザード」に対応できる BCP にはならないのです。

　それでは、この問題をどのように考えたらいいでしょうか。

　問題解決の手法の1つに「コンセプチュアル思考」という考え方があります。これは、複数の問題となる具体的事象がある場合、個々の事象への対処療法を積み重ねるのではなく、それらをいったん抽象化し、根本的な原因や対策を見極め、普遍的な解決策を検討する、というものです。

　オールハザード BCP を策定するにあたっては、これまでの事象ごとに対応する思考ではなく、このようなコンセプチュアル思考で検討していく必要があります。

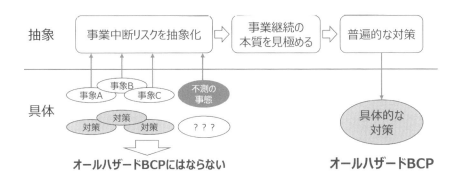

② 3つの ISO（リスクマネジメント、危機管理、事業継続）を組み合わせ
　て使う

　事業継続の国際規格（ISO）として、ISO 22301 があり、ご存知の方も多
いと思いますが、関連してリスクマネジメントの ISO 31000、危機管理の
ISO 22320 もあります。

　下図は、これら3つの ISO の対象領域を示した図です。ISO 31000（リス
クマネジメント）は、発生前の予防・抑制の対策から発生後の再発防止まで
全般を対象としていますが、ISO 22320（危機管理）は、発生後の危機管理
を中心とした規格です[1]。

　また、ISO 22301（事業継続）は、上記2つの規格とは少し視点を変え、
企業活動の操業レベルに着目し、事業の中断をできるだけ少なくするための
事前の準備と発生後の対応を対象領域としています。

　ISO という規格においては、3つの領域に分かれていますが、企業の事業
継続を考えるうえでは、これら3つの考え方は、いずれも有益であり積極的
に取り入れるべきと考えます。

1　ISO 22320 は 2011 年版から直近の 2018 年版改定時に「危機対応に関する要求事項」から「危
　機管理に関する要求事項」にタイトル変更が行われ、リスクマネジメント、プロアクティブな（先
　を見越した）視点も含められました。

図中テキスト：

事前　リスクマネジメント（Risk Management）　ISO31000　事後

予防、抑制
（Protection, Prevention）

直後

危機管理（Crisis Management）ISO22320

クライシスポイント

企業活動レベル

第1回復旧目標

第2回復旧目標

許容限界

事業継続（BCP：Business Continuity Plan）ISO22301

時間軸

出所：JISQ2001 に、編者一部加筆。

　具体的には、リソース（人、建物・設備、電気・通信、PC、製造機械など）のリスク対策については、ISO 31000（リスクマネジメント）の「回避」「低減」「移転」「受容」と、ISO 22301（事業継続）の「代替」を組み合わせて考えることが有効です。また、重要業務の発生後の対応については、ISO 22320（危機管理）の被害レベルに応じた「体制」「対応戦略」の考え方を参考にして、非被災地での臨時の対策本部／代替オフィスや非被災地からの応援要員の派遣など、事業継続の「戦略」を検討することが可能です。

③あるべき姿を設定し、現状とのギャップを埋めていく：ビジョン・ドリブン

　お客様から「BCP は検討すべきことが多く、どこまで考えればいいのですか？」と問われることがあります。

　かつては、「最低限、やるべきことを考えましょう」としていました。

　そうすると、お客様の方では、「本社は大丈夫」「停電は 3 日で解消する」などを前提にして、ライフラインの復旧に合わせて、できる範囲の計画を策定して「BCP 策定済み」としていた企業が多かったと思います。このように軽い被害を前提とする策定方法では、リソースが復旧していくスピードに

合わせて復旧していく「復旧戦略」だけの計画となり、代替戦略がないため、壊滅的なレベルの被害には対応できない、ということになってしまいます。

　それでは、どのように考えればいいのでしょうか。

　一般に、問題解決の手法には2つの考え方があるとされています。

　目の前にすでに起きている事象を放置せず、顕在化している問題を抽出し、解決策を立てて行動する方法を「イシュー・ドリブン」といいます。

　これとは別に、あるべき姿（ビジョン）を考え、そこから逆算して課題を設定し、解決行動につなげる方法を「ビジョン・ドリブン」といいます。この場合、課題は潜在的であるため、自ら発見することが必要ですが、そのためには「ビジョン＝目標」を明確にする必要があります。

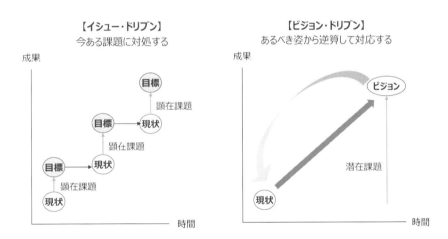

　BCPでいえば、個々の事象によってもたらされた被害や事業の中断（顕在化している課題）に対して、二度と同じようなことにならないようにと策定するのが「イシュー・ドリブン」であり、内閣府事業継続ガイドライン（第3版）以前の考え方です。これに対して、第3版で改定され意識され始めた「オールハザードBCP」では、普遍的な計画とするためには、どのよ

うな対策が必要か（リソース別、業務別の両面から）、その「あるべき姿」を先に考え、現時点の対策状況との比較から「課題」を設定し、計画を策定するという「ビジョン・ドリブン」で考えるアプローチが必要になります。

④「被害を想定する」から「リスクを分析する」に変える

　前述のとおり、「内閣府事業継続ガイドライン」の第2版と第3版の全体の考え方の大きな違いは、「被害を想定する」から「リスクを分析する」に変わったことでした。

　BCP を策定するうえで、この違いは何でしょうか。

　内閣府事業継続ガイドライン（第1版）が 2005 年 8 月に公開され、大企業を中心に BCP の策定が進んでいきました。

　その頃の BCP 策定の考え方は、以下のようなものでした。

・さまざまな災害の中で、まず取り組む災害を1つ選定する。日本は地震国であり、地震はさまざまな社会インフラに広く影響を与えるので、最初に取り上げる災害は「地震」がいい。

・「地震」が発生するとどうなるか、政府が「首都直下地震被害想定」を公表しているから、これを参考にするとよい。

　大企業では、まずパイロット事業を決めてそこで BCP を策定し、それを横展開しようと考えました。横展開する際、後から策定した事業部門の BCP との間で、想定被害の水準がまちまちだと、全部門をまとめたときに整合がとれないのではないか、という問題が起こりました。そこで、地震の程度は「震度6強とする」、「停電するが、概ね3日で復旧」、「本社は無事」など、細かく被害を想定し、BCP を策定する際の「前提条件」として用意して、一律に横展開していきました。

　内閣府事業継続ガイドラインには、そういったやり方までは記載してい

せんでしたが、大企業の間で広まっていった1つの考え方でした。

　ところが、2011年3月11日に発生した東日本大震災では、津波や原発事故など、想定を超える出来事が発生し、それまでのBCPでは対応できないことがたくさん起こりました。

　そこで、第3版以降では、被害をピンポイントで想定するのではなく、リスクの可能性を分析し、予測できないリスクも含めて「不測の事態」に対応できる「オールハザードBCP」を策定するように大きく舵を切ったのでした。

　個別の災害ではなく、さまざまなハザードの結果もたらされる「リソースの被害（これを結果事象といいます）」に関する「リスク分析」を行い、被害の程度を3段階（壊滅、甚大、軽微）に分類して対応戦略を用意しておく、という考え方に変わったのです。

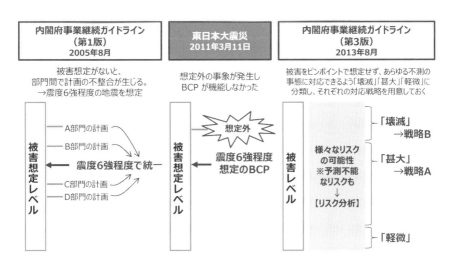

　「被害を想定する」のではなく、「リスク分析」を行うとは、具体的にはどういうことでしょうか。

　例えば、停電について考えてみましょう。

下図は、東日本大震災のときの停電の規模と期間を表したグラフです。3日間で約8割の停電が解消したとされています。

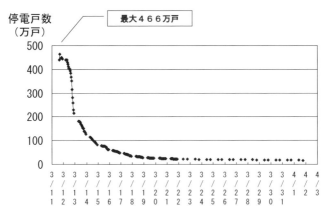

発災後　3日で約80％※の停電を解消
発災後　8日で約94％※の停電を解消
6月18日11時3分に復旧作業に着手可能な地域の停電はすべて復旧

※復旧作業に着手不可能な地域を含む

出所：経済産業省提供資料「3月11日の地震により東北電力で発生した広域停電の概要」
　　　2011年9月10日、p.11。

　このデータから、停電の期間をどのように考えたらよいでしょうか。
　第2版までの考え方では、概ね8割は3日間で停電は解消しているから、BCPを策定する際の前提条件として、停電は3日間とする、というような想定を置いていました。そのため「概ね8割は3日間で停電は解消した（逆に2割はもっと長期化していた）」ということを知らない人にとっては、「停電は3日間」だけが一人歩きして、「政府の資料にあるから、4日目から電気は使える」のような勝手な解釈のもとにBCPを策定する人も出てきました。
　もちろん「停電する」ことは、リスク分析の結果として当然考えておくべきことですが、停電の期間、すなわち復電する時期については、3日の場合

もあれば、もっと長くなることもあるのです。ですから、「『被害を想定する』のではなく、『リスク分析を行う』」、とは、「停電することがある、場合によっては長期化するリスクもある」という表現を使うことになります。

オールハザードBCPでは、個々の災害（原因事象）ではなく、リソースの被害（結果事象）に着目して対策を考えるわけですが、停電の期間のような不確定なことを、決めようとしない（＝想定しない）ということが重要です。

⑤「虫の眼」ではなく「鳥の眼」で捉える

第2版までは、1つ1つのリソースの被災想定を細かく想定していたため、業務への影響も、組織の最小単位まで業務を細分化し、影響度、優先度などを細かく分析する（＝「虫の眼」）傾向が見られました。極端な例としては、その結果を積み上げて、現状の復旧時間を想定しようとする分析方法もありました。しかしながら、その方法では、災害の大きさや記入した人の認識のブレによる誤差が大きく、誤差の上に誤差を重ねることになり、分析した結果が意味を成しません。

第3版以降の考え方では、被害レベルによって、大きく3段階に分類し、それぞれの対応戦略を用意することになりますので、「鳥の眼」で全体を俯瞰することのほうが重要になります。そのため、影響度分析においても、組織を細分化せず、できるだけ大括りにして検討し、全体像を見失わないようにすべきです。

（3）持続可能なBCMの仕組みを構築するための思考法

持続可能なBCMの取組みを確実にするため、それまでの考え方とは異なる思考法が必要です。

①ビジョン・ドリブン
　「あるべき姿」と「現状できること」を見極め、ギャップを埋めるための「中期計画」と「年間計画」を策定する。
②文書管理
　BCM に関する文書を体系化するとともに、文書管理番号を設定する。各文書の責任部門を明確化し、改版履歴を残して更新していくルールを設定する。
③仕組みの構築
　BCM の活動を全社の経営管理活動として位置づけ（システム化）、「BCM 運用マニュアル」を制定する。

詳細は、第 6 章で説明します。

《本章のポイント》

・オールハザード BCP の策定および持続可能な BCM システムの構築が求められている。

・「事業継続ガイドライン（第 3 版）」の改定ポイントは、①オールハザードに対応した BCP であること、②原因事象ではなく結果事象で考えること、③被害の程度を 3 段階（軽微・甚大・壊滅）で考えることである。

・オールハザード BCP は、従来の BCP とは抜本的に異なる考え方とプロセスで策定されるべきである。

・オールハザード BCP を策定するうえでは、①コンセプチュアル思考、②3 つの ISO（リスクマネジメント、危機管理、事業継続）を組み合わせて使う、③ビジョン・ドリブン、④「虫の眼」ではなく「鳥の眼」で捉える、⑤「被害を想定する」から「リスクを分析する」に変えることが重要。

第 **2** 章

オールハザード BCP 策定の考え方

本章では、オールハザード BCP の策定に取り組む前に、改めて、BCP とは何か、原点に立ち返って本質的な意味を考えてみたいと思います。その上でオールハザード BCP とは何か、どのように策定するかについて述べます。

1 BCP の本質を考える

(1) BCP とは

　内閣府事業継続ガイドライン（令和 5 年 3 月版）において BCP とは、以下のように定義されています。

> ◆事業継続計画（BCP：Business Continuity Plan）
> 　大地震等の自然災害、感染症のまん延、テロ等の事件、大事故、サプライチェーン（供給網）の途絶、突発的な経営環境の変化など不測の事態が発生しても、重要な事業を中断させない、または中断しても可能な限り短い期間で復旧させるための方針、体制、手順等を示した計画のこと

　事業が中断してしまうほどの「不測の事態」が発生した場合には、ライフライン、要員、情報システムなどさまざまなリソースが被害を受け、操業度がガクンと低下します[1]。その後、電気や通信が例えば 3 日〜1 週間、水道・ガスは 5 日〜10 日、鉄道・道路も 2 週間〜1 ヵ月で復旧し、建物・設備もいずれ元に戻っていくでしょう。それらの復旧に合わせて、操業度も徐々に上がっていきますが、事業が中断している間、本来得られていた利益が失われる（逸失利益）ことになり「損失」となります。この損失は、長期化する

---

[1] 新型感染症の場合は、操業度は段階的に低下するため別のパターンになりますが、操業度が低下した部分の面積が「損失」であるという点で、本質的には同じです。

ほど大きくなります。

　したがって、「損失（図のグレーの部分）」をできるだけ小さくするための計画が BCP ということになります。

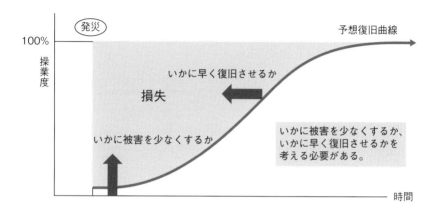

　なお、ここで確認しておきたいのは、BCP は「不測の事態」を対象とする点です。東日本大震災の後、津波被害や原発事故など「想定外」が発生し、BCP が役に立たなかった、という声が聞かれましたが、もともと BCP は「不測の事態」、すなわち「予測できない事態」を対象とするものであり、予測できない事態が発生しても、対応できる計画であるべきです。このことが「オールハザードに対応できる BCP」が必要とされる所以でもあります。

（2）目標設定

　前述のとおり、「損失（図のグレーの部分）」をできるだけ小さくするための計画が BCP ですが、それでは、その面積をどこまで小さくできるか、すなわち目標をどこに置くか、について考えてみましょう。

　仮に面積を「ゼロにする」、または「限りなくゼロに近づける」ためには、どのようなハザードに対しても、リソースが被害を受けないための対策を講じなければならず、膨大な費用がかかるでしょう。または、事業継続要員が

21

すぐに駆けつけ、寝ずに作業をするようなことになってしまいます。つまり、自社の対応能力の視点で考えると、できるだけ負担が少ないほうが望ましい、すなわちできるだけ復旧の目標が遅いほうがいい（＝対応が楽）ということになります。

　一方で、顧客側の目線で考えると、自社の損失を最小に抑えたいため、一刻も早く復旧・再開してもらいたいと考えるでしょう。

　このように考えると、損失をどこまで小さくするかの目標値を決定する考え方は、自社目線と顧客目線の2つの考え方があることがわかります。

　それぞれのメリット、デメリットを整理すると、下図のようになります。

	メリット	デメリット
自社目線の目標	現実的な目標であり、BCPを完成しやすくなる。	顧客からの要請に応えられない。
顧客目線の目標	顧客の要請に応えられる。	BCPの策定が難しくなる。（代替方法を持たなければならない）

　この点について、内閣府事業継続ガイドラインでは、「BCPの概念」の図で、破線で示す**「BCP 発動後の復旧曲線」**という言葉を使っており、「目標復旧時間」という言葉ではありません。

　なぜ、内閣府事業継続ガイドラインの「BCPの概念図」では「BCP 発動後の復旧曲線」としているのでしょうか。内閣府事業継続ガイドラインをよく読むと、目標復旧時間（RTO）は、顧客の要求を満たすものでなければならないが、それが実現できないことがあるので、企業の経営判断で、実現可能なところまで「遅く」していい、となっているからなのです。

　ところが、注目度の高いこの図で「BCP 発動後の復旧曲線」と表現されているために、本来の「一旦は顧客目線で考える（顧客の要求を満たす）」というプロセスが陰に隠れてしまい、「自社目線」で目標を決めていい（できるところまででいい）と誤解されていると考えられます。

〈BCP の概念〉

出所：内閣府「事業継続ガイドライン（第3版）」2013年8月、p.2。

　一方で、事業継続の国際標準規格である ISO 22301 では、次のように定義されています。

〈「ISO 22301：2019　定義」（8.2.2　ビジネスインパクト分析）〉

◆ MTPD：最大許容停止時間（Maximum Tolerable Period of Disruption）
　事業活動を再開しないことによる影響が、組織にとって許容できなくなるまでの時間
◆ RTO：目標復旧時間（Recovery Time Objective）
　中断・疎外された事業活動を規定された最低限の許容できる規模で再開するまでの優先すべき時間を、MTPD 以内で設定する時間

すなわち、目標復旧時間（RTO）を決める際には、まず、事業の停止を顧客やステークホルダーから許容してもらえる最大の時間[2]＝最大許容停止時間（MTPD）を見極め、これと同じか、より短い時間に設定しなければならないということです。

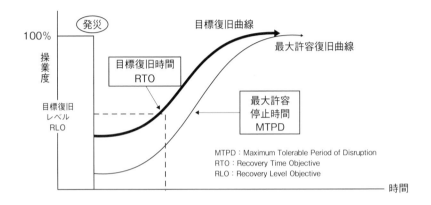

　顧客への供給責任を果たすためには、RTOをできるだけ短くする（短い時間に設定する）ほうがいいわけですが、短くすればするほど、高度の対策が必要となり、費用の増大や災害対応要員の負荷の増大を招きます。

　そこで、顧客の要求にぎりぎり応えられる範囲の中で、最長の時間（許容してもらえる最大の時間）を目標とする、という考え方をとっているのです。

　オールハザードBCPを目指し、持続可能なBCMを目指していくためには、このISOの考え方で目標設定をするほうがいいと考えます。

　なお、内閣府事業継続ガイドライン（第3版）の考え方のもととなった議

---

2 ISO 22301の原文では、「組織にとって許容できなくなるまでの時間」ですが、同規格の前段で「組織の事業継続目標は、ステークホルダーからの要求事項を考慮する」との記載があるため、筆者にて解釈を加えた表現にしています。

論に次のような議論がありました。

・MTPD よりも前に RTO を設定した場合、例えば製造業においては、「壊滅」の事態が発生した場合に RTO を実現するためには、対策として同時被災しない場所に同じ設備を持つ工場を新たに建設しなければならず、経営者としては、採算面からそこまではできない。
・BCP の目標は、実現可能で対外的にも説明できるものでなければならないので、経営判断として、MTPD よりも遅く RTO を設定することができる。

しかしながら、この考え方に従って MTPD よりも遅く RTO を設定した場合、基本的に、重要顧客からはこちらの要求事項を受け入れようとしない会社と見なされ、取引先から外される（顧客喪失）可能性もあります。大手自動車メーカーなどは、取引先に対して目標復旧時間を指定し、それを取引要件とするような動きも見られます。

さらに、このことによる最も大きな弊害は、MTPD より遅い RTO を設定した BCP を一度策定してしまえば、そこで「策定済み」となって、のちに述べる「壊滅」状態における「代替戦略」を検討する必要性をなくしてしまうとともに、BCM の持続的な改善活動への動機づけをも失わせることとなってしまう点にあります。

非被災地の顧客への供給責任を果たすことを考えればわかりますが、MTPD よりも前に RTO を設定するという原則を貫けば、「目標復旧曲線」は一定（固定）となります。一方の「現状の予想復旧曲線」は被害のレベルにより変動します。

ところが、被害を細かく想定して固定化し、目標の方を経営判断で変えていいと考えると、本来「固定化すべきもの」と「状況によって変動するも

の」が逆になってしまいます（「復旧曲線の意味」については、次項（3）で詳しく説明します）。

　とはいえ、被害レベルが「軽微」「甚大」までなら MTPD よりも前の RTO を達成できるが、「壊滅」となると、現状の対策では RTO を実現することは困難、ということは現実によくあります。

　「壊滅」状態で RTO を達成するためには、代替の方法を準備しておく必要がありますが、そのためには莫大な費用がかかることが多く、平時には生産効率の低下を招くことになるため、経営者がその対策を実施しないという決定を下すことは理解できます。

　ただし、その状態を「目標を下げた」と考えるのではなく、「今はその目標を達成する解決策が見当たらない＝残課題」であり、BCM で取り組むべき課題である、と考えるべきなのです。時間をかけて検討すれば、費用をかけずに代替できる、うまい方法が見つかるかもしれません。

　あくまで、「目標」は、顧客目線（ステークホルダー目線）で考えるという軸を変えないことが重要なのです。

　実態は同じですが、次の AB のどちらの説明が、より顧客に納得してもらえるでしょうか？

　A：「壊滅」の事態を考慮して、（貴社の要求を達成しない）現実的な目標に下げて BCP を作成しています。
　B：貴社の要求を満たす目標を設定して BCP を策定しており、「軽微」「甚大」までなら貴社の要求を達成できますが、「壊滅」の事態の際の対策方法は、まだ目途が立っていません。BCM の課題として、知恵と工夫を出して、何とか解決策を見出そうと、引き続き取り組んでおります。

そういう意味で、RTO を正しく（＝ MTPD と同じか前に）設定すること
は、BCP を策定するうえで、また BCM の活動を持続させていくために、大
変重要なことなのです。

（3）復旧曲線の意味

これまで、組織が中断リスクに直面した際に現状で予想される曲線を「現
状の予想復旧曲線」、復旧・再開の目標とする曲線を「目標復旧曲線」とし
て説明してきましたが、そもそも「復旧曲線」とは何か、どういうふうに出
来上がるのか、について考察したいと思います。

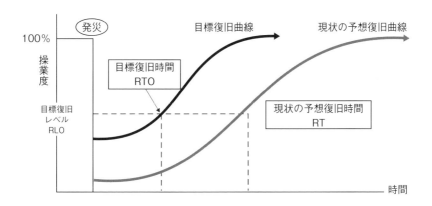

「事業が中断する原因」を突き詰めていけば、事業を遂行するために必要
なリソース（人、電気・通信、建物・設備、鉄道・道路等交通網、原材料
（調達）…）が、使用できない（または制約される）ことによることがわか
ります。

各リソースは、それぞれ一定の時間が経過後、元に戻ります。徐々に復旧
するものもあれば、一定時間経過後にゼロから 100％に一気に復旧するもの
もあります。いずれも、リソース別に「復旧曲線」を描くことができます。

「現状の予想復旧曲線」は、各リソースの復旧曲線を重ね合わせた際の、最も操業度の低いリソースの線をなぞっていくことになります。この場合の「最も操業度の低いリソース」が、いわゆる「ボトルネックリソース」となります。

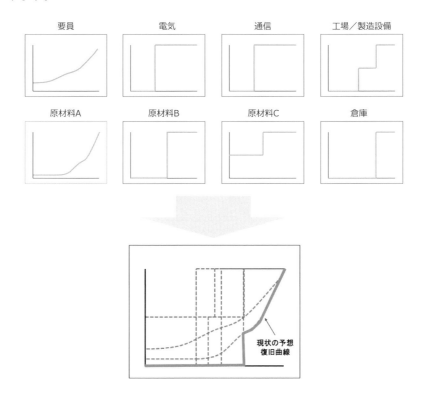

　ここで、災害の大きさと各リソースの被害の関係について、考えてみます。
　例えば、地震発生時で考えてみると、まず災害の大きさ、つまり事業所がある場所における「震度」（震度7、6強、6弱…）によって、建物への影響が変わります。ただし、その建物が最新の免震構造となっている場合には、建物の被害は少なくなるでしょう。

つまり、リソースの被害は、災害の大きさだけで決まるのではなく、そのリソースに対する「対策」の状況によっても変わってくる、ということになります。

> 各リソースの被害 ＝ 災害の大きさ × リソース別対策

ここでいう「リソース」は、自社ビル、社保有設備、社員などの「社内」のリソースと、電気、通信、ガス、水道、交通網などの「社外」のリソースに大別されます。「社内リソース」は自社で対策を考えることになりますが、「社外リソース」の多くは、日本社会を支える公共機関のサービスであり、自社ではどうすることもできません。

「社内リソース」は、自社で時間と費用をかけて、「減災対策」を講じることができますが、「社外リソース」については、「減災対策」はできません。

そこで、内閣府事業継続ガイドラインの第3版への改訂前までは、「社外リソース」については、電力会社や通信会社のホームページを調べ、または訪問して復旧の目途をヒアリングするなどしていました。ヒアリングで得た復旧の目安を、BCP を策定する際の「前提条件」としていたのです。このことが、東日本大震災後に「想定外」といわれる原因の1つだったと考えています。

「社外リソース」については、オールハザード BCP においては、どのように考えればいいでしょうか。これも、災害の大きさだけで決まるのではなく、そのリソースに対する「対策」の状況によっても変わってくることは同じです。

BCP を策定する際に、「停電は○○日後に復旧する」などのように「前提条件」にはできません。結果事象として「停電することが考えられる。被害の程度によっては、長期化することもある」などの表現にします。要は「停

電」することがありうるとして、「停電した場合にどのように対応するか」を計画することが重要なのです。

なお、東日本大震災を踏まえて、2013年12月11日に施行された「国土強靱化基本法（強くしなやかな国民生活の実現を図るための防災・減災等に資する国土強靱化基本法）」と「国土強靱化基本計画」による「国土強靱化」の取組みによって、「社外リソース」の「減災対策」はかなり進んだといえるでしょう。

また「社外リソース」については、基本的に自社では減災の対策を打てないわけですが、何もできないわけではなく、仮に使用不能となった場合に備えて「代替手段」を用意しておくことができます。例えば、停電時に備えて「自家発電機」を用意しておくことなどが、これに該当します。

代替手段を用意することは、「社内リソース」についても可能なので、整理すると次のようになります。

	減災対策	代替方法による対策
社内リソース	自社で対応可	自社で対応可
社外リソース	（不可）※	自社で対応可

※「国土強靱化」の取組みにより、東日本大震災当時よりも大きく改善されている。

COLUMN 1

国土強靱化の取組みについて

東日本大震災の教訓を受け、政府は、大規模災害等に備えた国土の全域にわたる強靱な国づくりを目指し、「国土強靱化」の取組みを進めてきました[3]。

---

3 本コラムの内容は、内閣官房ウェブサイト「国土強靱化とは？」(https://www.cas.go.jp/jp/seisaku/kokudo_kyoujinka/about.html) に基づく。

　この取組みは、国土そのものばかりでなく、日本社会を支える電気・通信・ガス・水道などのライフライン、道路・鉄道・港湾・空港などの交通網、自衛隊・消防・警察、病院など医療施設、金融サービスなど、幅広く社会機能を維持するための機関を対象としており、脆弱性を評価し、優先順位をつけて、国の予算で対策を講じるものです。

【重点化プログラム】

起きてはならない最悪の事態の例	推進計画の例	重要業績指標(KPI)の例
建物・交通施設等の大規模倒壊等による死傷者発生	・住宅・建築物等の耐震化	【国交】住宅の耐震化率 79%(H20)→82%(H25)→91%[H30参考値]→95%[H32]→耐震性を有しない住宅ストックを概ね解消[H37]
大規模津波等による多数の死者発生	・ハード対策の着実な推進とソフト対策を組み合わせた対策の推進	【国交・農水】最大クラスの津波に対応したハザードマップを作成・公表し、防災訓練等を実施した市区町村の割合 0%(H26)→60%(H28)→100%[H32]
異常気象等による市街地等の浸水	・「水防災意識社会　再構築ビジョン」の推進	【国交】「洪水氾濫を未然に防ぐ対策」として堤防のかさ上げ等を実施した区間の延長(国管理) 約11km(H27)→約184km(H28)→約1,200km[H32]
大規模な火山噴火・土砂災害等による多数の死傷者発生	・災害のおそれがある箇所の観測・調査に基づいた訓練・避難体制の整備等のソフト対策と連携した総合的な土砂災害対策等の実施	【国交】土砂災害から保全される人家戸数 約109万戸(H25)→約112万戸(H28)→約114万戸[H30]
情報伝達の不備等で多数の死傷者発生	・地方公共団体や一般への情報提供手段の多様化・確実化	【総務】Lアラートの都道府県の運用状況 28%(H25)→96%(H29)→100%[H30]
被災地での食料・飲料水等の物資供給の長期停止	・港湾施設の耐震・耐波性能の強化の実施や関連する技術開発	【国交】災害時における海上からの緊急物資等の輸送体制がハード・ソフト一体として構築されている港湾(重要港湾以上)の割合　31%(H26)→79%(H28)→80%[H32]
自衛隊、警察、消防、海保等の救助活動等の絶対的不足	・自衛隊、警察、消防、海保等の災害対応体制強化、装備資機材等の充実強化	【総務】緊急消防援助隊の増強 4,694隊(H25)→5,978隊(H29)→6,000隊[H30]
中央官庁機能の機能不全	・政府全体の業務継続計画(首都直下地震対策)に基づき、各府省庁の業務継続計画について、継続的に評価及び見直し	【内閣府・各府省庁】各府省庁の業務継続計画検証訓練の実施 全府省庁(H27)→一府省庁(H29)→全府省庁[毎年度]
情報通信の麻痺・長期停止	・長期電源途絶等に対する情報通信システム対策 ・警察、自衛隊、海保等の情報通信システム基盤の耐災害性の向上	【警察】無線中継所リンク回線の高度化の達成率 54%(H25)→100%(H29)→100%[H30]
サプライチェーンの寸断等による企業の国際競争力低下	・サプライチェーンを確保するための企業ごと・企業連携型BCPの策定	【内閣府】大企業及び中堅企業のBCPの策定割合 大企業：54%(H25)→60%(H27)→ほぼ100%[H32] 中堅企業：25%(H25)→30%(H27)→50%[H32]
社会経済活動に必要なエネルギー供給停止	・燃料供給のバックアップ体制強化	【経産】激甚災害を想定した場合の石油製品の供給回復目標の平均日数　7.5日(H25)→1日(H29)→1日(H30)→1日[H31]
基幹的陸上海上交通ネットワークの機能停止	・代替性確保のための道路ネットワーク、三大都市圏環状道路の整備	【国交】道路による都市間速達性の確保率 49%(H25)→54%(H28)→約55%[H32]
食料等の安定供給の停滞	・食品サプライチェーンを構成する事業者間による災害時連携・協力体制の構築	【農水】食品産業事業者等における連携・協力体制の構築割合 24%(H24)→68%(H28)→50%[H29]
電力供給ネットワークや石油・LPガスサプライチェーンの機能停止	・製油所の耐震化等による石油製品入出荷機能の確保	【経産】製油所の耐震強化等の進捗状況 0%(H25)→58%(H29)→84%[H30参考値]→100%[H31]
農地・森林等の荒廃による被害拡大	・山地災害のおそれがある箇所を把握した結果に基づく総合的かつ効果的な治山の推進	【農水】周辺の森林の山地災害防止機能等が適切に発揮される集落の数 55千集落(H25)→56千集落(H29)→58千集落[H30]

出所：国土強靱化推進本部「国土強靱化アクションプラン2018の概要」2018年6月5日。

1.「国土強靱化基本法」

「強くしなやかな国民生活の実現を図るための防災・減災等に資する国土強靱化基本法」（国土強靱化基本法）は、2013年12月11日に公布・施行されました。

国土や国家の基盤を支える社会機能の脆弱性を評価し、それを強化するための「7つの事前に備えるべき目標、45のプログラム、15の重点化プログラム」を制定し、優先順位をつけて取り組むこととなりました。

2. 2014年度から2018年度

以下の「15の重点化プログラム」を推進するため、毎年アクションプランを策定して取り組みました。

また、国土強靱化実現のためには、企業・団体等を含めた社会全体のレジリエンス強化が必要なため、事業継続（BCPの策定と運用）に積極的に取り組んでいる企業等を「国土強靱化貢献団体」として第三者が認証する仕組みを、2016年度に創設しました。2023年3月末時点の認定数は293団体（うち社会貢献188団体）です。

3. 2018年度から2020年度

「防災・減災、国土強靱化のための3か年緊急対策（概ね7兆円）」（2018年12月14日閣議決定）を推進しました。

また、中小企業・小規模事業者の事前の防災・減災対策の促進として、「中小企業強靱化法」の施行（2019年7月16日）と「事業継続力強化計画認定制度」を開始しました。2023年4月末日時点での認定数は54,305件です。

〈3 か年緊急対策の具体的な内容〉

1. 防災のための重要インフラ等の機能維持
(1) 大規模な浸水、土砂災害、地震・津波等による被害の防止・最小化
(2) 救助・救急、医療活動などの災害対応力の確保
(3) 避難行動に必要な情報等の確保

2. 国民経済・生活を支える重要インフラ等の機能維持
(1) 電力等エネルギー供給の確保
(2) 食料供給、ライフライン、サプライチェーン等の確保
(3) 陸海空の交通ネットワークの確保
(4) 生活に必要な情報通信機能・情報サービスの確保

4. 2021 年度から 2025 年度

「防災・減災、国土強靱化のための 5 か年加速化対策（概ね 15 兆円）」
（2020 年 12 月 11 日閣議決定）を推進中です。

〈5 か年加速化対策の具体的な内容〉

1. 激甚化する風水害や切迫する大規模地震等への対策
(1) 人命・財産の被害を防止・最小化するための対策
(2) 交通ネットワーク・ライフラインを維持し、国民経済・生活を支える
ための対策

2. 予防保全型インフラメンテナンスへの転換に向けた老朽化対策

3. 国土強靱化に関する施策を効率的に進めるためのデジタル化等の推進
(1) 国土強靱化に関する施策のデジタル化
(2) 災害関連情報の予測、収集・集積・伝達の高度化

（4）BCPとは、「現状」と「目標」のギャップを埋めるための計画

　これまで「現状の予想復旧曲線」と「目標復旧曲線」の意味について、述べてきました。

　この2つの曲線の間には、「ギャップ」があります。そして、BCPは、このギャップを埋めるための計画であるといえます。

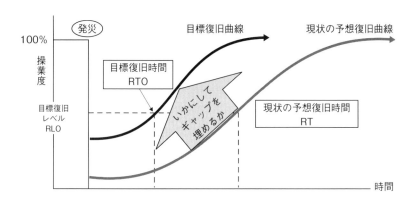

　この「ギャップを埋めるための計画」をどう策定すればいいか、ということですが、これは逆に考え、「ギャップを生じさせている原因」を見つけ、その対策を考えるとわかりやすくなります。

　「ギャップを生じさせる原因」は、業務を遂行するために必要なリソースが被害を受け使用できなくなることから生じます。

　そこで、①ハザード発生時にも実施しなければならない業務（優先業務）を選定し、②各業務を遂行するために必要なリソースを洗い出し、③それらのリソースに被害があるかどうか（リソースの脆弱性評価）、④被害があるとしたら、優先業務を通常の方法ではできなくなるので、どのような代替の方法が考えられるか、切り替えに必要な時間と費用は？　というように考え

ていきます。

〈目標とのギャップを埋めるための計画の検討方法〉

■ボトルネックの脆弱性評価
　・ギャップの原因を探るため
　・業務を復旧する上で最低限必要となるリソースに被害があるか？

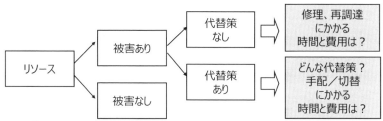

　　　*リソース：
　　　　人員、オフィス、設備、情報システム、データ・文書、部材、重要供給会社、
　　　　電源、通信手段　など

■ギャップを埋めるための対策を検討
　・被害がありそうなリソースを対象

原因が分かれば、
対策（戦略）が見えてくる

　このように考えていけば、（原因事象となる）災害を特定する必要はなく、その結果生じるリソースの被害の可能性（結果事象）を分析していけばいいということになります。

　この一連のプロセスを図に表すと、次のようになります。

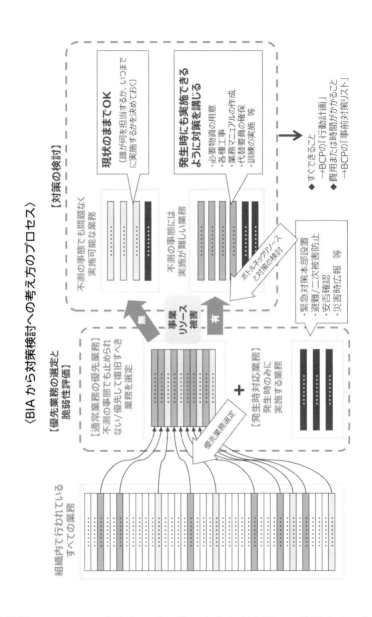

〈BIA から対策検討への考え方のプロセス〉

【優先業務の選定と脆弱性評価】

[通常業務の優先業務]
不測の事態でも止められない優先して復旧すべき業務を選定

[発生時対応業務]
発生時のみに実施する業務

組織内で行われているすべての業務

事業リソース被害

無　有

【対策の検討】

現状のままでOK
（誰が何を担当するか、いつまでに実施するかを決めておく）
不測の事態でも問題なく実施可能な業務

発生時にも実施できるように対策を講じる
・必要物資の用意
・各種工事
・業務マニュアルの作成
・代替要員の確保
・訓練の実施　等
不測の事態には実施が難しい業務

ボトルネックリソースと対策の検討

緊急対策本部の設置
避難／二次被害防止
安否確認
災害時広報　等

◆ すぐできること
　→BCPの「行動計画」
◆ 費用または時間がかかること
　→BCPの「事前対策リスト」

作業用のフォーマットとしては、次のような表を用いて検討することが考えられます。

36

現状の分析			対策の検討	
優先業務	必要リソース 社内 / 社外		発生後の対応	事前対策
○○業務	人、電気、PC、 ネットワーク…			
○○業務			工場被害が大きく、目標復旧 時間以内に復旧できない場合 は、代替生産に切り替える	代替工場 の確保
○○業務		道路・港…		
○○業務				
○○業務				

　繰り返しになりますが、「復旧曲線」は、複数のリソースの復旧曲線に基づくものであり、被害のレベルは、「災害の大きさ　×　リソース別対策」によって決まります。

　災害の大きさは発生してみないとわかりませんが、「リソース別対策」は、企業が事前の備えとして、どこまで費用と工数をかけて対策をしているかで、ある程度、被害を抑制することが可能であるといえます。

　また、災害の程度が小さい場合、または、ある程度被害を抑制することに成功した場合は、修理などにより、早期に復旧することもできる可能性があります。

　ただし、災害の程度が極端に大きい場合、事前対策の甲斐もなく、使用不能となる場合もあります。その場合は、通常使用しているリソースの使用は諦め、可能ならば、当該リソースの代替となる別のリソースを使用して業務を再開することが考えられます。代替のリソースにうまく切り替えることができれば、「復旧曲線」も一気に上向きに変えることができます。

　つまり、「現状の予想復旧曲線」を「目標復旧曲線」に近づけるための方法としては、以下の2つが考えられるということになります。

①被害を少なくするための事前対策
②操業度を早く元の水準に戻すための発生後の行動計画

①は、例えば、建物の耐震対策など、リソースの被害を少なくするための事前対策であり、②はいったん操業度が低下したのち、操業度をいち早く復旧／再開させるために、いつまでに、誰が何をするか、という発生後の行動計画です。具体的にいうと、①は、リソースに対する「減災」の対策であり、①は、リソースが制約を受ける中での「代替」の方法に切り替えて対応する計画です。

ここでいう、①の「減災」の対策とは、物理的、直接的な減災対策のほか、停電時の自家発電機など、リソースの代替方法の準備も含みます。また、②の「代替」の方法とは、代替生産や代替調達のような大がかりな代替ばかりでなく、同じ人が別の道具を使用する、別の人が業務マニュアルを見ながら実施する、故障した機械を修理して使用する、など、広く「通常とは異なる臨時の」対応を含めた言葉として、使用しています。

このことを図で表すと、以下のようになります。

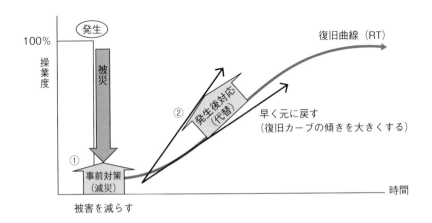

　まとめると、「現状の予想復旧曲線」と「目標復旧曲線」の「ギャップ」を埋めるための計画が BCP であり、現状と目標のギャップを埋めるためには、業務遂行に必要なリソースに対する「事前対策（減災）」と、早く復旧・再開させるための「発生後対応（代替）」がカギを握っている、ということになります。

（5）「BCP を発動する」とは

　「BCP を発動する」、「BCP 発動基準」など、よく使われる言葉ですが、その意図する内容が人によって異なることも多く、ときどき混乱が見られます。

　平時における各業務の遂行方法を「通常の方法」とすると、「通常の方法」は、最も効率的なやり方として関係者の間で認知されています。「職務規程／職務記述書」などで明文化されていることもあります。

　ハザード発生時には、リソースに被害があり、「通常の方法」で実施することが困難、もしくは臨時の方法で対応したほうが効率的、ということがあります。

　このように、「通常の方法」から「臨時の方法」に切り替えることを「BCP を発動する」といいます。

　BCP を発動するときは、各部門が勝手に別の実施方法に切り替え始めると、部門間で業務が正常に流れなくなり、混乱します。そのため、「どのような状況になったら、どのような臨時の方法に切り替えるか」を事前に決めておき、ハザード発生時に情報を収集して、経営トップが決定します。決定したら、各部門が一斉に臨時の方法に切り替えることになります。

　この一連の全社的対応を、混乱なくスムーズに行えるようにするために、BCP があるのです。

　「どのような状況になったら」とは、「被害の状況：被害レベル」のことで

あり、「どのような臨時の方法」とは、「BCP の対応方針（戦略）」のことです。したがって、「BCP を発動する」ためには、BCP に「被害レベル」に応じた「対応戦略」を用意しておき、全社に周知しておく必要があります。

　特にオールハザード BCP を策定する際には、原因事象ではなく結果事象の状況に基づく「被害レベルに応じた BCP 戦略」をあらかじめ用意しておく必要があります。

　なお、BCP 発動は、一般に全社一斉に行うものをいいますが、大企業などでは、業務別に発動されることもあります。

　業務別に発動される例をあげると、以下のようになります。

〈業務単位に BCP を発動する例〉

・対策本部の設置
　→本来の設置場所が使用不能な場合に、別の設置場所に臨時の対策本部を設置する。
・IT システム BCP
　→通常のシステムが使用不能となった場合に、バックアップシステムからの運用に切り替える。
・支払 BCP
　→本社経理部のオフィスが使用不能となった場合、サテライトオフィス（含む在宅勤務）から決裁権者が銀行貸出決済端末で支払処理の決済を行う。
・生産 BCP
　→本来の工場が使用不能（復旧に長期間かかる）となった場合に、代替工場での生産に切り替える。
・調達 BCP
　→本来の調達先が被災し生産できなくなった場合に、代替調達先からの調達に切り替える。

・営業 BCP
→被災地の営業所での活動ができない(または要員不足となった)場合に、非被災地から応援を派遣して対応する。

COLUMN 2

防災計画と BCP

1. 目的の違い

　防災計画は、さまざまな災害から会社の人や資産を守ることを目的とする計画です。地震や水害など個々の災害の特徴に対応して、耐震対策などの事前対策や、避難・負傷者対応など発生時の対応を計画します。

　これに対して事業継続計画(BCP)は、その名のとおり事業を継続するための計画です。事業とは、製品またはサービスを提供し、お客様から代金をいただく関係のことをいいます。事業継続とは、この関係を継続することが目的であり、災害の種類には本来関係ありません。

2. 計画する内容の違い

　人や財産を守るための防災計画とは別に、BCP では、次の 3 つのことを加える必要があります。

①優先業務の選定

　ハザード発生時であっても優先的に実施しなければならない業務をあらかじめ決めておく(=絞り込む)ということです。ハザード発生時には、停電や要員不足などリソースの制約を受けますので、通常行っている業務をすべて行うことは困難となります。このため、普段からハザード発生時の優先業務を決めておこうというものです。

②リソース制約下における業務遂行方法の検討

①で選定した優先業務は、リソース制約下においても、実施しなければなりません。停電や要員不足等の状況下で、どのようにして優先業務を遂行するのか、普段とは違う別のやり方を工夫して考えておく必要があります。例えば、コンピューターシステムが停止した場合、紙の伝票を使用して業務を進めることなどです。

③事前対策の実施計画

②を検討していくと、事前に準備しておいたほうがよいことがいろいろと出てきます。これを残課題としてリストアップし、誰がいつまでに実施するのかの計画を策定します。

この計画に基づいて進捗を管理していくのが、BCM となります。

3. 適用範囲の違い

防災計画と BCP は、適用範囲にも大きな違いがあります。

防災計画は、基本的に「場の管理」の一環として行うものであり、事業所単位となります。事業所ごとに、「○○事業所防災マニュアル」を策定し、「○○事業所（防災の）災害対策本部」が設置されます。「○○事業所（防災の）災害対策本部」の本部長は、労働安全衛生法上の「統括安全衛生責任者」が務めることになります。

一方、BCP は、基本的に「事業」の単位で策定するものです。営業、開発、製造、調達、物流など、事業のバリューチェーンに責任を持つ「事業責任者」が、バリューチェーンのどこかが途絶しても代替の方法などでリソースを再配置して、事業を継続させようとするための計画が BCP です。したがって、複数の事業所をまたがった計画となります。逆に 1 つの事業所内に、複数の事業がある場合は、それぞれ別の事業の BCP で行動することになります。

　実際には、企業は、複数の事業を複数の事業所で行っている場合が多く、このことが防災計画と BCP の関係を複雑にしています。

　防災は「場の単位」、BCP は「事業の単位」であるため、計画書の適用範囲（＝ハザード発生時の対応体制）を慎重に設定する必要があります。

【例1】1 事業、1 事業所の場合

　企業が、1 つの事業を 1 つの場所（事業所）で行う場合は、防災計画も BCP も 1 つの文書にまとめることが可能です。

　体制も、管理部門の防災対応組織と、事業部門の事業継続対応組織を混在させた体制を構築することができるでしょう。

　時系列に見ると、初動対応のところは、施設管理や総務人事など管理部門が対応し、徐々に事業部門の事業継続対応に移行していく流れになります。

　ただし、この場合、オールハザード BCP といえる計画は、事業継続対応の部分のみとなります。

BCP　　　　○○部、○○部、○○部

1つの文書に
防災計画とBPCを
まとめることが可能

事業所の防災計画

【例2】1 事業、複数事業所の場合

　企業が、1 つの事業を、複数の場所（事業所）で行う場合は、1 つの BCP と事業所単位の複数の防災計画に分けることになります。

　体制も、複数の地域にまたがる事業部門の事業継続対応組織と各事業所の防災組織が、連携して対応する体制となります。

　この場合、各事業所の防災部門の情報を、事業部門の事業継続対応組織に共有する仕組みを構築する必要があります。

　時系列に見ると、初動対応のところは、被災地の施設管理や総務人事など

管理部門が対応し、徐々に事業部門の事業継続対応に移行していく流れになります。

この場合、事業部門の BCP は、オールハザード BCP になります。

【例3】複数事業、複数事業所の場合

企業が、複数の事業を、複数の場所（事業所）で行う場合は、全事業を統括する「全社 BCP」と、事業単位の複数の BCP と、事業所単位の複数の防災計画の3階層の計画が必要になります。事業部制またはホールディングカンパニー制の大企業の場合が該当します。

体制も、「全社 BCP」の緊急対策本部、各事業の緊急対策本部、各事業所の防災対策本部、の3階層となり、複雑に連携して対応する体制となります。

この場合、各事業所の防災部門の情報を、事業部門の事業継続対応組織や「全社 BCP」の緊急対策本部に共有する仕組みを構築する必要があります。

この場合、事業部門の BCP は、オールハザード BCP になります。

2 オールハザード BCP とは

　現代のようにリスクが多様化し、先が読めない時代（＝不測の時代）になると、すべてのハザードを予測し被害を想定することは不可能です。したがって「想定外」は起こることを前提に考えておく必要があります。

　ただし、細かい想定はできなくても、事業が中断するような事象が発生した場合に、普遍的な対応方法等を定めた計画があれば、さまざまな事象に対応できるようになります。

　そういう意味で、本書では、オールハザード BCP を以下のとおりに定義します。

> 事業中断を引き起こすいかなる不測の事態が発生したとしても、重要な事業（製品・サービスの供給）を継続するために、いかにして被害を少なくし、早期に復旧・再開させるかを検討し、策定した方針、体制、手順を示した計画のこと

　ここで、オールハザードというときの「ハザード」は、「事業中断を引き起こす不測の事態をもたらすもの」という意味で使っています。

　それでは、なぜ「オールリスク」ではなく「オールハザード」というのでしょうか。

　「リスク」とは、ISO 31000（リスクマネジメント）の定義では、「目的に対する不確かさの影響：影響とは、期待されていることから良い方向・悪い方向へ逸脱すること」とされています。

　リスクマネジメントは、まず企業が直面するリスクを洗い出す「リスクアセスメント」を行って、洗い出されたリスクの中で、優先的に対応すべきリ

スクを「重大リスク」として選定して、対応方法を考える、というプロセスで進めていきます。

　一般に、企業で「リスクアセスメント」を実施すると、80 ～ 100 のリスクが洗い出されます。その中から、発生頻度が高く、影響が大きいリスクを選定して「重大リスク」とします。一般には 3 ～ 5 のリスクを指定することが多いです。

　一方で「ハザード」とは、リスクとして認識される前の「危険因子」のことをいいます。現代は変化が激しく予測不能な事態がいつ起こってもおかしくない時代ですが、このような「不測の時代」においては、さまざまな危険因子がある中で、「リスクアセスメント」を実施してリスクとして認識されるものとは別に、認識されない（予測できない）ものが存在します。

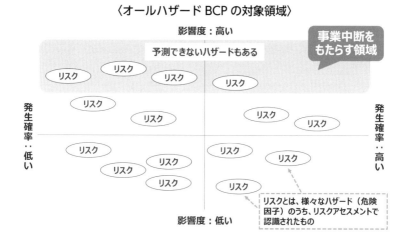

〈オールハザード BCP の対象領域〉

したがって、事業継続の検討にあたっては、リスクとして認識されているか・いないかにかかわらず「事業に影響を与える危険因子（＝ハザード）」を意識しておく必要があるのです。

　このため、予測できる・できないにかかわらず、「事業が中断するほどのハザードが顕在化した事態」のことを「事業中断を引き起こす不測の事態」と定義しているのです。

特殊なリスクへの対応（新型感染症およびサイバー攻撃）

　本書において、BCP は、以下の 2 点を行うことで、オールハザードに対応できるようになることを説明しています。

- ・原因事象ではなく結果事象、すなわちリソース被害の可能性を考慮して、リソースの被害を少なくする（＝減災）対策、およびハザードに関係なく全く使用不能となった場合の代替のリソースを「事前に」用意する。
- ・ハザード発生後の対応は、ハザードに関係なくリソースが制約を受け（レベル 2：甚大）、およびハザードに関係なくリソースが使用不能となった場合（レベル 3：壊滅）の、それぞれの対応（大小さまざまな代替の方法＝通常の業務の遂行方法とは異なる別のやり方）を計画しておく

　ただし、新型感染症やサイバー攻撃については、他のハザードとは異なる特徴があり、予防や初動の場面で、一部にオールハザード BCP では書ききれない特殊な対応を求められます。

　これらについては、以下の通り、オールハザード BCP の別紙として添付することをお勧めします（第 4 章 9 参照）。

1．新型感染症

　　他のハザードと異なり、次のような特徴があります。

①発生パターン

　突発的に被害が発生するリスク（地震、水害、テロなど）と異なり、新型感染症は、海外発生、国内発生、地域内発生と段階的に発生し、ピークと収束を繰り返して長期間にわたります。

②影響のあるリソース

　物理的リソースも含めリソース全般に影響を及ぼすリスクと異なり、影響のあるリソースは「人」です。

　さらに、私達は新型コロナウイルス感染症の世界的大流行（パンデミック）を経験したわけですが、上記に加え、政府および自治体などによる行動制限を受け、その影響も大きいことがわかりました。

　新型感染症の大流行により顕在化する事業中断リスクとその対応は、次の4つに整理できると考えます。

①感染拡大防止対策による事業活動の制限

　政府・自治体による発生段階別の感染防止措置（マスク着用、ソーシャルディスタンスなど）の呼びかけに基づく企業内の感染防止対策の実施

②要員不足

　本人感染（または濃厚接触者）による休業者増加（要員不足）と欠員補充

③サプライチェーン問題

　外国政府による海外都市ロックダウンの影響で、部品等が調達困難となった場合の対応

④需要減少

　政府・自治体による緊急事態宣言発令時の事業活動の制限措置（移動制限、営業自粛など）による需要の減少とその対応

　このうち②と③は、オールハザードBCPにおける、人、調達先へのリソース別対策として包含できます。また④は、旅行・飲食業など業種が限られますが、該当する場合には、オールハザードBCPのレベル3の戦略に加え

ておくことで対応可能となります。

　残る①の感染防止対策については、オールハザード BCP の初動対応とは異質ですので、初動対応に代わるものとして、各社における感染防止対策を添付資料としてまとめることをお勧めします。これは、新型コロナウイルス感染症流行時の対応をまとめたものがあればそれで結構です。

2. サイバー攻撃

　基本的には、IT システム部門が、経済産業省の「サイバーセキュリティ経営ガイドライン Ver3.0」（2023 年 3 月 24 日発行）などに基づき、情報システムのサイバー攻撃への対応計画を策定してあると思います。

　同ガイドラインには、各社の BCP と整合しつつ対応する、という記載があり、情報システムというリソースが使用不能となった場合でも、優先業務を代替方法等で対応していくという意味では、基本的にはオールハザードBCP で対応できると考えられます。

　ただし、ランサムウエア（身代金要求型のマルウエア）による被害によって事業停止を余儀なくされるケースも増加しており、以下のような、サイバー攻撃の予防と発生後の対応に関する補足資料をまとめてオールハザードBCP に添付することをお勧めします。

①マルウェアの感染を防止するための措置

　基本方針を定め、業務委託契約で委託ベンダーとの責任分界点を明確にする、マルウェアの侵入経路となるインターネットからアクセス可能な IT 資産の脆弱性を評価し対策をとる、外部接続機器や偽メールの開封に関するルールを決め社員へ周知／教育する、万が一感染した場合に備えた「バックアップ体制」を構築することなど

②発生後の対応

　緊急連絡（事前に連絡先をリストアップしておく）、応急措置（ネットワ

ーク切断、非感染端末の確認・確保、バックアップからのリストアなど）、
ネットワーク切断状態下での事業継続方法（バックアップからリストアに成
功した場合と復元できなかった場合の優先業務の実施方法）など

3 オールハザード BCP ／ BCM のプロセスの全体像

基本的には、内閣府事業継続ガイドラインに記載してある BCM プロセス
のとおりです。

【BCP 策定のプロセス】
▶方針の策定
組織の社会的使命・役割に応じて、BCP を策定する目的や事象発生時に
組織全体で共有すべき価値観などを定める。また、BCM を実施していくメ
ンバーをアサイン（任命）し、推進体制を構築する。

▶分析・検討
・事業影響度分析
インシデント発生により事業が中断した場合の組織への影響を評価し、重
要業務を決定する。また重要業務を実施する際に必要な経営資源（人、施
設・設備、ライフラインなど）を把握し、その中で必要不可欠でインシデン
ト発生時に使用できなくなる可能性が高いもの（以下「ボトルネック資源」
という。）を抽出する。
・リスクの分析・評価
事業所のロケーションや事業環境により組織が直面する事象（リスク）を
洗い出し、発生頻度と影響度の大きさによるマトリックス図に各リスクをマ
ッピングし可視化する。

〈BCM プロセス全体像（大枠のみ）〉

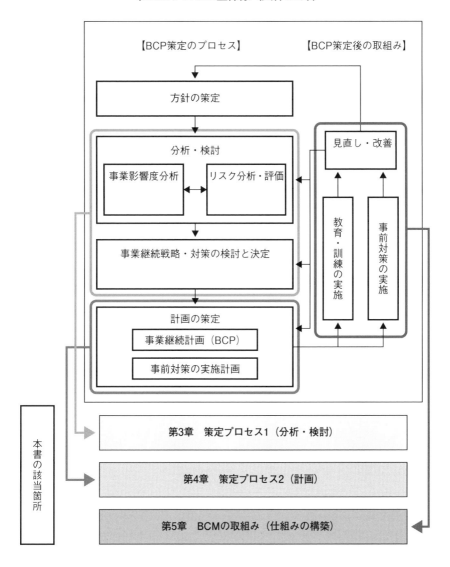

出所：「内閣府事業継続ガイドライン（令和5年3月版）」p.9 に基づき編者作成。

・事業継続戦略・対策の検討と決定

　戦略とは、被害の状況に応じて選択する大方針のことであり、現場での復旧・再開を目指す現場復旧戦略と、現場での復旧・再開が困難な場合に他の拠点等での復旧・再開を目指す代替戦略がある。

　対策は、ボトルネック資源に対する被害最小化に向けた事前の対策と、ボトルネック資源が使用できなくなった場合でも実施すべき重要業務を、通常とは異なる別の方法で実施するという対策（発生後の行動による対策）がある。

▶計画の策定

　検討を踏まえ、基本方針、体制、インシデント発生時の対応手順（行動計画）や事前対策などを文書化する。

【BCP 策定後の取組】

・事前対策の実施

　1 度に完璧な BCP を策定することは困難であり、何らかの課題が残っていることがある。その現状を評価し、今後実施すべき対策を整理して、優先順位を決めて取り組んでいく。

・教育・訓練の実施

　BCP という書類ができただけで、組織の災害対応力が高まるわけではない。関係者が内容を理解し迅速に行動できるよう、計画的に教育・訓練を実施していく。

・見直し・改善

　人事異動や組織改編を反映した見直しなど、BCP の維持が必要である。また、訓練を実施し BCP が本当に機能するか確認し、顕在化した課題への対応として BCP の見直しが必要となる。

　直ちに対応できない課題については、事前対策の実施計画に追加する。こ

のようにして、BCM の取組を継続的に実施し改善していく。

第3章以降、順に解説していきます。

《本章のポイント》
・BCP とは、不測の事態が発生した際に、重要な事業（製品・サービス
　の供給）を継続するために、被害をできるだけ小さくし、できるだけ
　短い期間で復旧させ、事業中断による「損失」をできるだけ小さくす
　るための計画のこと。
・BCP は「現状の予想復旧曲線」と「目標復旧曲線（RTO)」の間の
　「ギャップ」を埋めるための計画であるともいえる。RTO は、ISO
　22301（事業継続）の考え方をベースに、顧客から許容してもらえる
　最大の時間、「最大許容停止時間（MTPD)」と同じか、より短い時間
　に設定することで、持続的な BCM にもつながる。
・各リソースの被害＝災害の大きさ×リソース別対策、つまり、災害の
　大きさだけでなく、そのリソースに対する「対策」の状況によっても
　リソースの被害の大きさは変わる。
・不測の時代である現代では、すべてのハザードを予測し被害を想定す
　ることは不可能であるが、普遍的な対応方法等を定めた計画があれば、
　さまざまな事象に対応できる。
・オールハザード BCP を策定するうえでは、原因事象ではなく結果事象
　の状況に基づいた、「被害レベルに応じた戦略」を考えることが重要。

第 **3** 章

オールハザード BCP の
策定プロセス 1：分析・検討

本章では、オールハザードBCPの策定プロセスの第1段階について説明します。BCP策定といっても、実際すぐに計画を立て始められるわけではありません。まずは「リスク分析」「ビジネスインパクト分析（BIA：Business Impact Analysis）」を実施し、その結果をもとに、戦略を検討します。

1 分析から戦略検討までの流れ

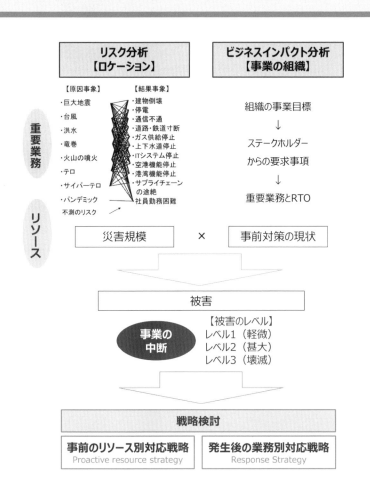

　リスク分析では、まずはロケーション別に予測可能なリスクを、ハザードマップ等を調べて洗い出します。また、ロケーションに関係ない全社共通のリスクも把握します。ただし、予測不能なリスクもありうることを理解しておく必要があります。

　BIA では、リスクによらず何らかの理由により重要事業が中断したと仮定した場合に、ステークホルダー（利害関係者。この場合は、主に重要顧客）から要求されると思われる事項を想定し、重要業務を洗い出し、目標復旧時間（RTO）を設定します。また、各重要業務の遂行に必要な社内外リソースを洗い出します。

　さらに、これらを踏まえて「戦略」を検討します。

　オールハザード BCP は、リスクを原因事象ではなく結果事象（リソースへの影響）で捉えて考えます。

　本書の第2章1項（4）で述べたとおり、「BCP とは目標と現状のギャップを埋めるための計画」ですが、このギャップを埋めるため計画を、オールハザードベースで検討するためには、①事前対策：被害を減らす（減災）と、②発生後対応：早く元に戻す（代替）に関する戦略を検討することがカギとなります。

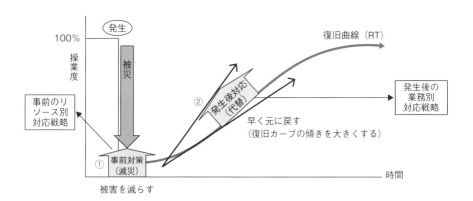

なお、建物、設備、ライフラインなどの「事前対策」については、事業所単位に対策を講じることができることと、複数の事業所を横断的に見て対策を検討すべきことがあります。

　また、「発生後対応」は、事業別・部門別に優先業務を抽出し、RTO を設定したうえで、リソース制約下での代替方法など、業務の遂行方法を検討することになります。

　そのため、リスク分析と BIA の結果は、それぞれ「事前のリソース別の対応戦略」、「発生後の業務別対応戦略」として、相互に関係させつつ検討していくことになります。

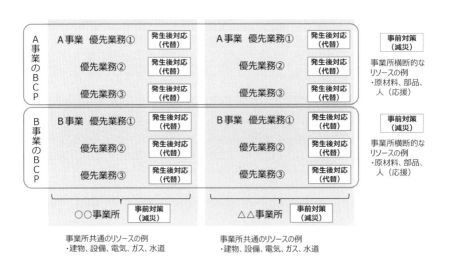

2 リスク分析

(1) 分析

　まず、企業が直面するリスクを洗い出します。リスクは、場所に依存するロケーションリスクと、場所によらないリスクに分けられます。ロケーションリスクは、本社や事業所などロケーション別に予測可能なリスクをハザードマップ等により洗い出します。また、ロケーションに関係ない共通のリスクも書き出します。ただし、予測不能なリスクもありうることを理解しておく必要があります。

　以下のようなフォーマットに、本社、営業拠点、工場、など事業所をリストアップし、ロケーション別に予測可能なリスクをハザードマップ等により洗い出します。その他、全社共通のリスクも書き出します。

①ロケーションリスク

〈リスク分析用フォーマットおよび記入例〉

No	機能	拠点名	住所	避難場所	地震の震度	洪水浸水深	土砂災害
1	本社	○○本社	○○県○○市	○○小学校	6 強	0.01m 以上0.3m 未満	―
2	工場	○○工場	○○県○○市	○○小学校	6 弱	2m 以上3m 未満	―
3	工場	○○工場	○○県○○市	○○体育館	5 強	0.3m 以上2m 未満	土砂災害警戒区域
4	倉庫	○○センター	○○県○○市	○○小学校	6 強	―	―
5	営業所	○○支店	○○県○○市	○○公民館	6 弱	2m 以上3m 未満	―
6	営業所	○○支店	○○県○○市	○○施設	5 強	0.3m 以上2m 未満	―

②その他（全社共通のリスク）

新型感染症、サイバー攻撃、その他予測できないリスク

（2）評価

調査した結果を可視化して、本社、倉庫、営業所など、事業所の脆弱性を評価します。

分析・評価にあたっては、Google Earth Pro[1] が有効です。

---

1 これは「Google Earth Pro - 無料・ダウンロード」で検索して入手できます。(https://support.google.com/earth/answer/21955?hl=ja)

　また、事業所等を Google Earth Pro 上にプロットするツールとしては、国土地理院「地理院マップシート」[2] が便利です。

　さらに各種ハザードマップから震度分布図などを、図として保存しておき、Google Earth Pro に「追加」→「イメージオーバーレイ」として取り込むことができます。

　分析・評価結果の例をあげますので、参考にしてください。

〈例 1　首都直下地震の震度分布図に、本社、倉庫、事業所等をプロットした図〉

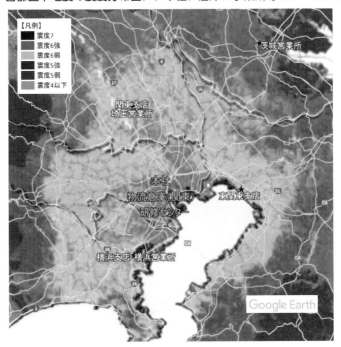

出所：内閣府「首都直下地震の被害想定と対策について」震度分布図、GoogleEarthPro、国土地理院「地理院マップシート」を使用し編者作成。

2　「地理院マップシート」ダウンロードページ（gsi.go.jp）にアクセスして、「地理院マップシート（Ver.2.0.0.4）」ダウンロードファイル（ZIP 形式 約 4.3MB）からダウンロードできますので、是非入手しておきましょう。（https://renkei2.gsi.go.jp/renkei/130326mapsh_gijutu/index.html）

震度分布図の代わりに、液状化や全壊消失棟数の図に重ね合わせることもできます。これらにより、首都圏における事業拠点の脆弱性を分析することができます。

〈例2　J-SHISの「今後30年以内に震度6弱以上の揺れに見舞われる確率」に、
全国の営業拠点等をプロットした図〉

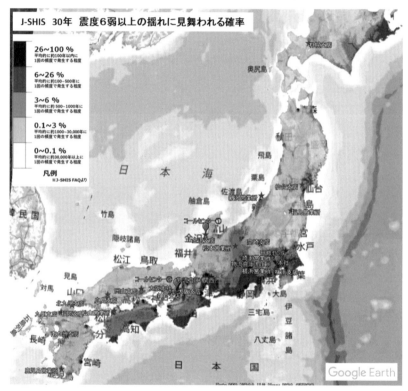

※ J-SHISとは、地震調査研究推進本部が作成する「全国地震動予測地図」の公開システムです。日本およびその周辺で起こりうるすべての地震を評価し、ある地点がある大きさ以上の揺れに見舞われる確率を計算し、地図上で確認することができます。
出所：J-SHIS「地震ハザードステーション」(https://www.j-shis.bosai.go.jp/)、GoogleEarthPro、国土地理院「地理院マップシート」を使用し編者作成。

3　ビジネスインパクト分析（BIA）

（1）業務プロセスの確認：相互依存関係の可視化

　ビジネスインパクト分析を行う前の準備として、事業の業務プロセスを図示します。組織の各部門の相互依存関係がわかるように表現してください。

　下図は、事業継続の ISO 規格：ISO 22301、22313 が示す組織の各部門の依存関係を表した図です。

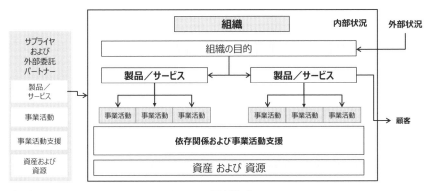

出所：ISO 22313：2020、図 6 をもとに編者作成。

　業種ごと、規模ごとにさまざまな「業務プロセス図」が考えられますが、参考に、食品製造会社の例と、医療機器の輸入販売会社の例を示します。

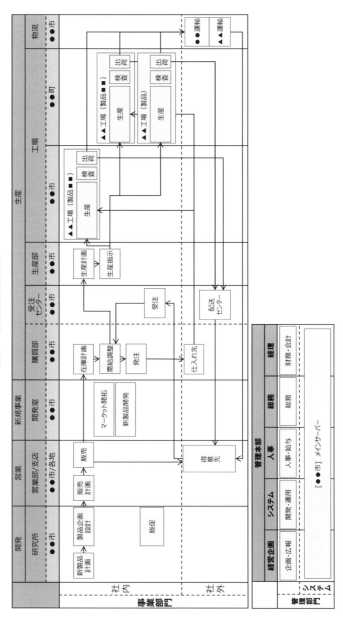

〈例1 食品製造会社〉

64

《例 2　医療機器輸入販売会社》

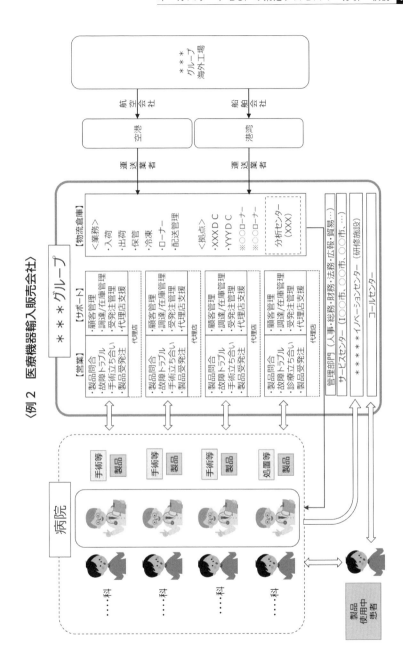

(2) 部門別業務分析：BIA フォーマット

　BIA は、事業の組織の単位（部門別など）で行います。組織の事業目標を踏まえ、ステークホルダー（利害関係者、特に重要顧客）からの要求事項を考慮し、RTO を設定します（RTO の決め方については、本書の第 2 章 1 (2) 参照）。

　また、重要業務ごとに、各業務を遂行するために必要なリソースを社内、社外に分けて整理します。

　以下のようなフォーマットに、部門ごとに作成します。

〈BIA フォーマット〉

△△部門

業務	優先業務	MTPD (RTO)	在宅勤務	社内リソース	社外リソース
業務 A	○	1 日	○	人、情報システム…	－
業務 B	○	1 日	×		港湾、倉庫、運送会社
業務 C	×	7 日	○		空港、運送会社
業務 P	○	3 日	○		
業務 Q	○	3 日	○		
業務 R	×	7 日	×		

　なお、「重要業務」といったり「優先業務」といったりしますが、ほぼ同じ意味として使われます。

　ただし、「重要業務」は、通常業務の中で止められない業務（絶対的）という意味で使われ、「優先業務」は、被害の状況によって優先順位の高い業務を実施するというニュアンスを含めて使われます。また、「優先業務」は、通常業務だけではなく、通常は行っていない、ハザード発生後の特有な業務

（対策本部の設置、安否確認、被害情報の収集など）も含めて使われます。

　本書では、そのような意味で、「優先業務」としています。

　なお、厳密にいうと、RTO は、通常業務の中の「重要業務」に関して使う言葉ですが、ハザード発生後の特有な業務に関して、RTO という場合は、「復旧」ではなく「開始する目標時間」と考えてください。

　優先業務と RTO の例をあげると、概ね次のようになります。

◆全業種共通の優先業務および RTO
　対策本部設置　　　　　例：6H
　安否確認　　　　　　　例：12H
　支払い　　　　　　　　例：3 日
　IT システム　　　　　　例：1 日

◆業種別の優先業務および RTO
　（卸小売）店舗営業再開　　　　例：3 日
　（製造）　生産再開　　　　　　例：1 週間
　（建設）　インフラ被害調査　　例：1 日
　（運輸）　運輸再開　　　　　　例：1 日

(3) リソースの脆弱性評価

①建物

　自社ビルと、賃貸ビルに分けてリストを作成し、新耐震基準[3]を満たしているかをチェックします。

　自社ビルの場合、新耐震基準を満たしていなければ、耐震診断を行い耐震補強工事を行う必要があります。賃貸ビルの場合、ビルオーナー（または管

理会社）に確認して、新耐震基準を満たしていなければ、ビルオーナーに耐震補強を依頼するか、他の賃貸ビルに移転する必要があります。どちらの場合も残課題として認識して、事前対策の対象とします。

②社員

全体の人員分布の状況を把握するために、事業所別×組織別（または職種別）のマトリックスの集計表を作成します。

前述の GoogleEarthPro を使ったハザードの分析結果と見比べることにより、どの地域のハザードが人的リソースへの影響が最も大きいかを分析できるようになります。

また、本社への参集問題の分析方法として、勤務地と社員の住所を、GoogleEarthPro 上にプロットして、分布状況を可視化することをお勧めします。

---

3 新耐震基準とは、1981 年 6 月 1 日から適用された建築基準法の新しい基準のことで、震度 5 程度の中地震では軽微なひび割れ程度にとどまり損壊せず、数百年に一度の震度 6 強程度の大地震であっても倒壊・崩落して人が押しつぶされることなく、命を守れるだけの耐震性を備えられる基準のことです。

〈首都直下地震震度分布図に本社勤務者の住所をプロットした図〉

出所：内閣府「首都直下地震の被害想定と対策について」震度分布図、
GoogleEarthPro、国土地理院「地理院マップシート」を使用し編者作成。

　さらに、国土地理院「距離と方位角の計算」[4] を使用すれば、勤務地と住
所の距離を計算することができ、10km 以内、10km 超 20km 以内、20km 超、
などの距離区分ごとの集計ができるようになり、参集に関するリスク分析の
参考となります。

4　https://vldb.gsi.go.jp/sokuchi/surveycalc/surveycalc/bl2stf.html

【例】 参集率を変数とした参集人数のシミュレーション方法

ア．職種別距離区分別集計表

社員の現住所から本社までの直線距離を 10km 単位に区分して集計

	10km 以内	10km 超 20km 以内	20km 超	合計
職種 A	17	31	26	74
職種 B	5	17	6	28
職種 C	15	14	18	47
職種 D	67	77	155	299
合計	104	139	205	448

イ．距離区分別参集率の想定率を変えてシミュレーションできる

	初日	3 日目	1 週間	1 ヵ月
10km 以内	75%	90%	100%	100%
10km 超 20km 以内	50%	75%	90%	100%
20km 超	30%	50%	75%	90%

ウ．職種別参集人員のシミュレーション結果

	初日	3 日目	1 週間	1 ヵ月
職種 A	36	52	64	71
職種 B	14	20	25	27
職種 C	24	33	41	45
職種 D	135	196	253	284
合計	209	301	383	427

③設備（製造業など設備が不可欠な事業の場合）

　製造業の場合は、現場の被害が事業の再開に大きく影響します。

　建物の耐震確保に加えて、製造装置の固定化などの「減災対策」が十分かどうかが、脆弱性評価の対象となります。

　また、電気が欠かせない事業の場合、停電時の代替方法として、自家発電機を備えておくことが必要な場合があります。費用対効果を考えて、設置すべきかどうかを分析します。自家発電機を設置する場合、燃料の確保も必要になります。

　水やガスなど、事業に欠かせないライフラインについても、減災対策や代替方法を考えて、脆弱性を評価します。

④ IT システム

　企業内にはさまざまなシステムがあります。大きく分けて、1：社内メールやイントラネットなど全社共通の基盤システム、2：経営管理や各種業務の基幹システム、3：部門サーバ、の3段階に分類でき、それぞれ主管部門が異なり対策も異なる場合があります。

　いずれにしても、減災の対策や、代替の対策（バックアップ、二重化）などを検証して脆弱性を評価する必要があります。

　特に最近は、サイバー攻撃から守るためのセキュリティ対策や、マルウェア[5]感染時のネットワークを切断した状態での業務の実施方法などの代替方法を考えておく必要があります。このような観点からも、脆弱性を評価します。

5　マルウェアとは、デバイスに不利益をもたらす悪意のあるプログラムやソフトウェアの総称です。ウイルス、ワーム、トロイの木馬、スパイウェアなどが代表的な種類です。マルウェアに感染すると、デバイスのセキュリティや利便性に影響し、個人情報が盗まれたり、ファイルが改ざんされたりする可能性があります。

⑤物流システム

　倉庫の耐震性、停電時の代替方法、IT システム、運送委託会社、オペレーターの参集など、さまざまな評価要素があります。

　事業に必要な要素を考え、減災対策や、第2倉庫の設置など代替方法に関する脆弱性を評価します。

⑥調達

　部品や原材料などの調達も、BCP の重要な要素です。

　サプライチェーン全体を把握する必要もありますが、1次サプライヤー、2次サプライヤー…と深く複雑な構造になっていることも多くあります。

　まずは、1次サプライヤーのところまでを対象としましょう。

　1次サプライヤーだけでも相当な会社数があり、雲をつかむような話だと思うかもしれませんが、諦めてはいけません。次のような考え方で、対策が必要な調達先を絞り込んでいきます。

　まずは調達する品目の中から、「汎用品」を除きます。汎用品は、代替品がすぐに見つかるからです。

　次に、各品目の調達先を最低2社以上ピックアップします。BCP の視点からすると、平時から二重購買を行うことが理想ですが、難しければ代替先の候補をリストアップしておき、ハザード発生時に手配する（事後手配）ことができるようにしておきます。

　品目によっては、特殊な仕様のため1社しか作れない、ということがあるでしょう。その場合は、在庫を増やす、調達先の BCP の策定を支援する、といった対策が考えられます。それもできない場合、設計を見直して複数の調達先で購買できる仕様にする、M&A などにより内製化する、という方法をとっている例がありますので参考にしてください。

（4）まとめ方

リスク分析および BIA の結果を、レポートの形でまとめます。

名称は、「分析・検討資料」などとしてもいいですが、本書では、これを「BIA 報告書」ということにします。

〈BIA 報告書の目次例〉

```
0. エグゼクティブサマリー
   (1) 目的
   (2) 分析結果
1. リスク分析
   (1) ロケーションリスク
   (2) 人員配置状況
   (3) 影響の大きいハザード
2. 業務分析
   (1) ビジネスモデル
   (2) 主要経営基盤機能プロセスの現状
   (3) 事業部門の主要機能プロセスの現状
3. ビジネス影響度分析
   (1) 各部の「BIA フォーマット」
   (2) 優先業務と RTO（目標復旧時間）
   (3) ボトルネックリソース
4. まとめ
   資料集
```

4 戦略検討

リスク分析および BIA の分析をもとに、BCP 戦略の検討を行います。

BCP戦略は、「事前のリソース別対応戦略」と「発生後の業務別対応戦略」の2つがあります。

(1) 事前のリソース別対応戦略の検討

①減災対策

【基本的な考え方】

各リソースの被害については、本書の第2章第1項（3）で述べたとおり、以下のように表すことができます。

各リソースの被害 ＝ 災害の大きさ × リソース別対策

したがって、オールハザードBCPにおいては、リソース別の対策が、重要な意味を持ちます。

これについては、「ISO 31000：2018　リスクマネジメント―原則及び指針」の考え方が参考になります。

ISO 31000では、リスクへの対応方法として、以下を示しています。

6.5.2　リスク対応の選択肢の選定
- リスクを生じさせる活動を開始または継続しないと決定することによってリスクを回避する。
- ある機会を追求するために、リスクを取る、または増加させる。
- リスク源を除去する。
- 起こりやすさを変える。
- 結果を変える。
- （例えば、契約、保険購入によって）リスクを共有する。
- 情報に基づいた意思決定によって、リスクを保有する。

　ISO 31000 では、リスクをプラス／マイナス両方のブレ、という意味で捉えてこのような表現になっていますが、これをもとにして、日本においては、一般的に以下の４つがマイナス面のリスクへの対応方法とされています[6]。

> リスクへの対応方法
> ーリスクの低減（リスクの発生確率を下げる対策）
> ーリスクの回避（リスクが発生する可能性を除去する対策)
> ーリスクの移転（リスクを他社等に移す対策)
> ーリスクの保有（何の対策もとらない)

　オールハザード BCP においては、リスクは回避できないものとして捉えますので、「回避」は対象外とします。また「移転」は、保険対応などのことですので、別途、資金調達の問題とします。

　リスクの「低減」は、災害対応で使用する「減災」と同じ意味ですが、ハザード全般に広く適用できる言葉がないため、本書では、災害以外のハザードにも適用する言葉として、「減災」という言葉を使用することにします。

　リスクの「保有」は、経営方針として「費用対効果を考え、あえて対策をとらず放置する」場合と、「本来は対策が必要だが、今は解決策がなく放置する」場合が考えられますが、オールハザード BCP においては、可能ならば対策を講じるべきと考えられるものについては、いずれも「残課題」として、中長期に取り組む課題とします。

【減災対策の具体例】

　オールハザード BCP においては、まずは予測可能なリスクに対する「減

6　例えば「サイバーセキュリティ経営ガイドライン Ver 3.0」経済産業省＆独立行政法人 情報処理推進機構など。

災対策」を検討します。結果事象に基づくリソース別の「減災対策」を検討することにより、その他予測不能なリスク発生時にも対応可能な対策を目指します。

　これは業種や規模によりさまざまな対策が考えられますが、一例をあげると、以下のとおりとなります。
　これ以外にも実効性のある減災対策はさまざまに考えられますので、自社の設備等を考慮して、実効性の高い減災対策を工夫してください。

ⅰ. 建物・設備
　・本社、工場、倉庫、営業所などの建屋の堅牢性確保のための対策（耐震診断〜耐震対策）
　　※特に1981年新耐震基準以前の建物は要注意
　・各種機械／設備の耐震強化のための対策（精密機械の固定化、自動倉庫の装置の耐震化・固定化等）
　・ガラス飛散防止、オフィス什器備品・PC等転倒防止のための対策
　・浸水時の被害防止のための対策　（重要システム／設備は上階へ移設など）

ⅱ. ライフライン
　・電気、ガス、水道等インフラ関係設備の耐震、非常用発電の設置（燃料含む）、モバイルバッテリーなどの準備
　・ハザード発生時にもつながりやすい通信手段の確保（衛星電話、SNS/Eメール等）

ⅲ. ITシステム
　・IT・ネットワークシステムの耐震やデータのバックアップ、二重化等

に関する対策
・マルウェア侵入防止対策（ネットワークのセキュリティ強化、外部記憶
　媒体（USB メモリなど）の使用制限、偽メールの開封注意など）
・在宅勤務・テレワークができる環境の整備

iv.　対策本部関連
・対策本部メンバー間の情報通信手段の確保（WEB 会議システム等）
・対策本部設置場所で必要となる備品の準備（ホワイトボード・PC 等）

②代替方法による対策
【基本的な考え方】

どんなにリソースの減災対策を講じても、災害等が一定以上の規模となると、全く使用できなくなることがあります。

また、オールハザードBCP においては、予測不能なリスクに対しても対応を考えておかなければなりません。

したがって、減災対策とは別に、リソースが全く使用できなくなった場合の代替の方法を準備しておく必要があります。

「代替」という考え方は、事業継続の重要な考え方であり、「ISO22301：2019　事業継続マネジメントシステム―要求事項」のガイドライン規格である「ISO 22313：2020　セキュリティおよびレジリエンス―事業継続マネジメントシステム―22301 の使用に関する手引き」の中で、以下のように表現されています。（一部抜粋）

8.3.2.3　優先活動の安定化、継続、再開、回復

◆事業継続戦略には以下が含まれる場合があります。

a) アクティビティの再配置：一部またはすべてのアクティビティを別の部分に移動すること。
　組織または外部の第三者との相互援助協定を締結するなど、活動を再開する際には、損傷を受けていない代替サイトを検討する必要があります。

b) リソースの再配置：スタッフを含むリソースを別の場所に移動させます（応援）。

c) 代替プロセスと予備容量：代替プロセスの確立または冗長性[7]の構築 / プロセスや在庫の余力。

d) 一時的な回避策：一部のアクティビティでは、異なる作業方法が採用される場合があります。
　おそらく、回避策は、より時間や労力がかかることになるでしょう（例：自動システムではなく手動操作）。

◆戦略の例は次のとおりです。

－ 代替の場所に予備の製造能力を提供します。

－ 主要なスタッフにリモート勤務機能を提供します。

　このことからわかるように、代替方法とは、生産工場を切り替えるような大きな方法だけでなく、非被災地の別の部署の人が被災地に応援に行って行う、業務遂行の方法を別のプロセス（自動でなく手動で、など）に代えて行うなど、さまざまなレベルの代替があることに注意してください。

　リソースの代替方法の準備に関しては、ISO 化の原案を作成した BCI（Business Continuity Institute、BCM に携わる専門家の支援とガイドラインの提供を目的として、1994 年に英国で設立された会員制組織）が 2018 年

7　冗長性とは、必要最低限のものに加えて、余分や重複がある状態。また、そのような余剰の多さのこと。

発行に発行した「BCI 2018：Good Practice Guideline」（以下、GPG）が参考になります。

GPG では、リソースを下表のとおり 6 つに分類し、各リソースが使用不能となった場合に備えた対策を、次の 5 段階で表現しています。

対象リソース（6 分類）
　・建物と作業環境
　・人員
　・ICT システムとデータ
　・設備・備品・機器類
　・部材・消耗品
　・サプライヤー

二重化・代替準備の 5 段階
　・分散………常時、同時稼働
　・複製………平時は稼働させない（本物の）複製拠点、バックアップ
　・待機………代替のものを遠隔地に用意
　・事後取得…事後に代替のものを手配する
　・何もしない

　当然、「分散（完全二重化）」が、最も実効性が高いわけですが、リソースすべてを分散（完全二重化）すると、過剰投資となり、平時の生産性低下を招きます。したがって、各社の業種や規模に応じて、各リソースをどの段階まで対策をとっておくか、「あるべき姿」を決めて取り組む必要があります。

〈参考　GPG の段階に基づくリソース別事業継続のための解決策〉

リソース／対策	建物と作業環境	人員	ICTシステムとデータ	設備、備品、機器類	部材・消耗品	サプライヤー
分散	実施場所の分散	実施場所の分散	システム・データの冗長化	遠隔地点で並行稼働	並行稼働する遠隔地への納品	サプライヤーの分散
複製	平常時は稼働させない複製拠点	スキルを持っている人員を育成（多能化）	システム・データのバックアップ	遠隔地点に複製を配置	遠隔地に貯蔵品として保有	有事の際の代替サプライヤー（契約締結済）
待機	遠隔地に一部の設備を設置	マニュアル整備等により、別の人で対応する	システムは複製化、データは手作業でロード化	遠隔地に旧式等の機器類を配置	遠隔地に代替品を保有	有事の際の代替サプライヤー（事前合意のみ）
事後取得	移転のために必要な施設を保有または確保が可能	外部人材を雇用。または内部人材を教育	事後にシステムを取得しデータをインストール	事後に危機を確保できるようにリスト化	事後に調達	事後に依頼
何もしない	有事の際、何をするか決定するまで待機する（事前対策なし）					

実効性　高い　↑　↓　低い

出所：BCI 2018「GPG」PP4 Design より、編者にて和訳、一部改編。

【代替方法の準備に関する例】

ⅰ．建物と作業環境

（対策本部の設置場所）

・本社は平時から東京と大阪にあり、本来は東京本社に設置するが、被災し使用不能となった場合に備えて、大阪本社に臨時の対策本部を設置で

きるよう体制（責任者、事務局、メンバー）を決めておき、備品等を準備しておく。（分散）

・本社は東京1ヵ所である。本来は東京本社に設置するが、被災し使用不能（または参集不可）となった場合は、近郊のサテライトオフィス（契約済み）や在宅勤務により、バーチャルにオンラインの対策本部を設置する。（待機）

（自社に2工場（国内・海外）を持つ部品メーカーの場合）

・工場＝「建物と作業環境」は、平時から2か所にあるため、ハザード発生時に1か所が使用不能となっても、海外の工場で重要顧客向け製品の生産を優先して行う。（分散）

（工場が1か所の部品メーカーの代替生産）

・普段から重要顧客向け以外の製品を製造委託している X 社があり、同じ設備を保有しているので、事前に協定を締結しておき、ハザード発生時に自社工場が被災した場合は、X 社に代替生産を委託する。（待機）

（オフィス）

・通常使用している支店などオフィスが、使用不能（または出勤不可）となった場合は、同時被災しない場所にサテライトオフィスを契約しておき、基幹システムがサテライトオフィスで使用できるよう準備しておく。（待機）

ii．人員

（属人的要素の高い特定の業務）

・当該要員が被災して勤務できない場合に備えて、マニュアルを整備しておく等により、別の人でも対応できるようにしておく（待機）

・当該要員が被災して勤務できない場合、事後に退職者に声をかけて、臨時に雇用するなど、協力してもらう（事後取得）

iii．サプライヤー

（部品等のサプライヤー）

・通常取引のある調達先が被災して調達できない場合、事後に別の調達先から調達する（事後取得）

（特殊性の高い部品のサプライヤー）

・類似の部品を生産できる代替調達先と事前にハザード発生時の供給に関する協定を締結しておき、本来の調達先が被災して調達できない場合には、代替調達先に切り替えて調達する（複製）

③「あるべき姿」と「現状」の整理

　上記①および②の検討結果に基づき、「あるべき姿」と「現状」を、次のようなフォーマットにまとめます。

〈リソース別対策検討用フォーマット〉

○○事業所

NO	リソース	予測可能なリスクへの減災対策			使用不能となった場合の代替方法による対策		
		あるべき姿	現状	できていること／いないこと	あるべき姿	現状	できていること／いないこと

　　　　　　　　　　　　　↑　　　　　　　　　　　　↑
　　　　　　　○　できている　　　　　　○　できている
　　　　　　　△　できていないところがある　　△　できていないところがある
　　　　　　　×　できていない　　　　　　×　できていない

82

【記入要領】

「リソース」……優先業務を実施するために必要なリソースを記入しください。

「予測可能なリスクへの減災対策」

1. あるべき姿……本節①の【減災対策の具体例】などを参考に、ここまで実施すべきと考える「あるべき姿」を記入しください。

2. 現状……「あるべき姿」が、できていれば「○」、できていないところがある場合は「△」、できていない場合は「×」を記入してください。

3. 現状、できていること／できていないこと……「現状」が「△」「×」の場合、何ができているのか、できていないのか、今後実施すべき事項がわかるように記入してください。

「使用不能となった場合の代替方法による対策」

1. あるべき姿……本節②の【代替方法の準備に関する例】を参考に、ここまで実施すべきと考える「あるべき姿」を記入してください。

2. 現状……「あるべき姿」が、できていれば「○」、できていないところがある場合は「△」、できていない場合は「×」を記入してください。

3. 現状、できていること／できていないこと……「現状」が「△」「×」の場合、何ができているのか、できていないのか、今後実施すべき事項がわかるように記入してください。

　このような表を使って検討することにより、「あるべき姿」と「現状」のギャップを抽出することが可能となります。

（2）発生後の業務別対応戦略の検討

①被害レベルに応じた発生後の業務別対応戦略
【基本的な考え方】

　何らかのハザードが発生した場合、被害のレベルは、本来は最小値から最

大値まで、さまざまなレベルが考えられますが、そのままだと対策を考えられないので、内閣府事業継続ガイドライン（令和5年3月版）では、被害のレベルを「軽微」「甚大」「壊滅」の3段階に分けて捉えることにより、全体をカバーするように推奨しています。

また、BCPは「目標」と「現状」のギャップを埋めるための計画ですが、「埋めるべきギャップの大きさ」については、「目標復旧曲線」は、被害に関係なく一定ですが、「現状の予想復旧曲線」は、被害の程度によって異なるため、「レベル1：軽微」、「レベル2：甚大」、「レベル3：壊滅」の順に大きくなります。

ギャップの大きさが異なると、「発生後の対応戦略」も変えていく必要があり、「レベル2：甚大」のときと「レベル3：壊滅」のときでは、異なる戦略を計画しておく必要があります（「軽微」には、特段の戦略は不要）。

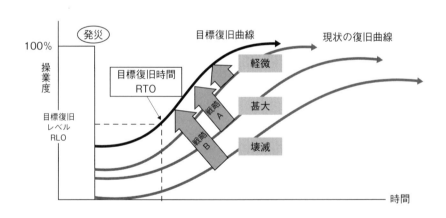

被害のレベルによって、対応戦略を変えるという考え方は、「ISO22320：2011　危機管理―危機対応に関する要求事項」（現在は2018年版となっています）が参考になります。

被害のレベル	被災の程度に応じた対応体制	備　考
レベル 1	本来の担当部署で対応する。・通常の実施方法で対応が困難な場合、代替の方法で実施することもある	戦術 Tactics
レベル 2	上位組織が指揮し、本来の担当部署以外の部署も含めて、リソース（人員、設備、資機材等）を融通して対応する。	戦略 Strategy
レベル 3	組織外（地域社会など）のリソース（人員、設備、資機材等）を融通して対応する。	国家戦略 National Strategy

出所：「ISO 22320：2011　危機管理─危機対応に関する要求事項　A.2 投入される資源に基づく事案のレベル分類の例」をもとに、編者にて 3 段階に修正。

　なお ISO 22320 は、国家レベルの危機も扱えるように、レベル 3 は「国家戦略」となっていますが、企業においてはその必要はありません。

　企業におけるレベル分けの基準については、規模や業種により、各社で運用しやすいように、適切に分類してかまわないのですが、戦略を考える際には、本来の勤務場所（本社、工場、オフィスなど）が使用可能か否かによって、大きく戦略が変わってくることから、本書では、説明の都合上、次のとおり分類することとします。

被害レベル		被害の状況	対応戦略
1	軽微	リソースに大きな被害はなく通常通り業務可能	本来の担当部署で通常通りに対応する。
2	甚大	建物は無事だがさまざまなリソースに被害が発生	本来の担当部署で、リソースを早期に復旧（修理）する、または、通常とは異なる手段で対応する。
3	壊滅	建物が損壊し、避難せざるを得ないほどの状況	上位組織が指揮し、本来の担当部署以外の部署も含めて、社内外のリソース（人員、設備、資機材等）を融通して対応する。（代替の方法）

【被害レベルに応じた戦略の例】

ⅰ．対策本部の設置

（本社は平時から東京と大阪にある場合）

［レベル2］東京本社に設置する。参集できない場合は、在宅勤務（リモート）で会議に参加する。

［レベル3］東京本社が使用不能となり、当分の間、復旧できる見込みが立たないときは、大阪本社に臨時の対策本部を設置する（事前に、責任者、事務局、メンバー等を決めておく）

ⅱ．支払業務

（本社は平時から東京と大阪にある場合）

［レベル2］本社財務部にて、責任者が、銀行決済システムを使用して送金する。停電時は、用意してあるバッテリーとモバイルWi-Fiを使用する。

［レベル3］東京本社のビルが使用不能となり、RTO以内に復旧できる見込みが立たないときは、大阪の財務責任者が代行して決済する。（事前に、銀行決済システムを大阪の代行者が使用できるよう準備しておく）

ⅲ．ITシステム

［レベル2］基幹業務システムが停止した場合、RTO以内に早期復旧が可能であれば修理して再開する。

［レベル3］基幹業務システムが停止し、RTO以内に復旧できる見込みが立たないときは、バックアップシステムに切り替えて運用を再開する。

ⅳ．（製造業）生産再開

［レベル2］工場が被災し生産停止となった場合、RTO以内に早期復旧が可能であれば、現場を復旧して再開する。

［レベル 3］工場が被災し生産停止となり、RTO 以内に復旧できる見込み
が立たないときは、事前に決めておいた工場（または製造委託先）での
代替生産に切り替える。その際、勤務可能な社員と原材料を再配置す
る。

v．物流

［レベル 2］倉庫が被災し一時機能停止となった場合、RTO 以内に早期復
旧が可能であれば修理して再開する。

［レベル 3］倉庫が被災し機能停止となり、RTO 以内に復旧できる見込み
が立たないときは、代替倉庫に物流ルートを切り替えて再開する。

vi．（小売業）店舗営業再開

［レベル 2］店舗が一時的に営業不可となった場合、RTO 以内に早期復旧
が可能であれば、現場を復旧して再開する。

［レベル 3］複数の店舗が被災し営業不可となり、RTO 以内に復旧できる
見込みが立たないときは、当該店舗は営業を停止し、被害が少なく営業
可能な店舗に、勤務可能な店員と商品を再配置する。

②被害レベルに応じた発生後の業務別対応戦略の「あるべき姿」の検討

　上記①の検討結果に基づき、「あるべき姿」を、次のようなフォーマット
にまとめます。

NO	リソース	予測可能なリスクへの減災対策			使用不能となった場合の代替方法による対策		
		あるべき姿	現状	できていること／いないこと	あるべき姿	現状	できていること／いないこと

【記入要領】

「優先業務」……「3. ビジネスインパクト分析（BIA）」で分析した優先業務を記入してください。

「レベル2（甚大）の対応」……リソースが早期に復旧できることを前提とし、本来の担当部署で実施する通常とは異なる手段を記入してください。

「レベル3（壊滅）の対応」……リソースの復旧には数ヵ月以上かかるような状況になったことを前提とし、上位組織が指揮し、本来の担当部署以外の部署も含めて、社内外のリソース（人員、設備、資機材等）を融通して対応する「代替の方法」を記入してください。

　その際は「(1) 事前のリソース別対応戦略の検討」の「あるべき姿」の対策ができていることを前提として、記入してください。

　なお、次章で、計画を策定する際には、「あるべき姿」ではなく、「現状でできること」を計画することになります。詳細は、本書の第4章6 (3) で説明します。

経営戦略と事業継続戦略

　経営戦略とは、企業が競争環境の中で自らの経営目的・経営目標を達成するための方針や計画全般を意味し、具体的には、保有する経営資源（リソース：ヒト、モノ、カネ）を事業環境に合わせて適切に選択し分配していくことをいいます。最近は、事業環境の変化が大きく、保有する経営資源の配置を常に微調整していくことが求められています。

　BCP における事業継続戦略も、基本的には経営戦略と同じです。ただし、ハザード発生時には、一度に被害を受けて使用できる経営資源は急激に減少し、また事業環境（マーケットの状況：被災地におけるニーズ）も激変します。そのため、BCP における事業継続戦略は、通常時の経営戦略のときよりも大きな範囲で、瞬時に、リソースを再配置する必要があります。

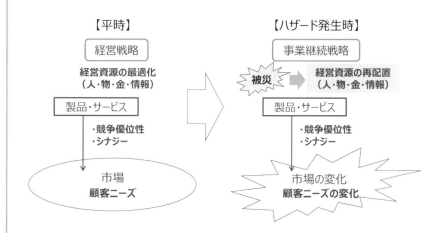

〈例　熊本地震発生時の観光業界マーケットの変化〉

観光地の旅館・ホテルでは、観光客のキャンセルが相次ぐ一方で、
市街地のビジネスホテル・タクシーの需要が増加し、数か月供給不足に。

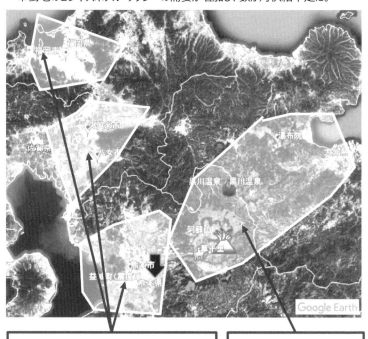

大手の流通業・損害保険業・各種調査
団が熊本市内に支援応援に集まり、ビジネス
ホテル・タクシー業界は供給不足に
↓
久留米市・福岡市のビジネスホテル・
タクシー会社を長期契約して対応

観光地の旅館・ホテルでは、
観光客のキャンセルが相次ぐ
↓
政府による各種支援策

出所：GoogleEarthPro の画像に編者加筆。

《**本章のポイント**》

・目標と現状のギャップを埋めるためには、「事前のリソース別対応戦略
（被害を減らす）」と、「発生後の業務別対応戦略（早く元に戻す）」の
2 つの戦略がカギとなる。

・「リスク分析」でリスクを洗い出し（ただし、予測不能なリスクもある
ことを理解しておく）、事前のリソース別対応戦略を検討する。

・事前のリソース別対応戦略においては、減災対策とは別に、代替方法
も準備する必要がある。GPG では、対策を「分散」「複製」「待機」「事
後取得」「何もしない」の 5 段階に分けている。代替方法にはさまざ
まなレベルがあることに注意する。

・「ビジネスインパクト分析（BIA）」で、事業の組織の単位ごとに、ス
テークホルダー（重要顧客）からの要求事項を考慮し、重要業務と目
標復旧時間（RTO）を設定する。また、「あるべき姿」と「現状でき
ること」を整理し、「業務別対応戦略」を検討する。

・戦略を考える際は、被害のレベルを「軽微」「甚大」「壊滅」の 3 段階
に分け、「発生後の対応戦略」もレベルに応じて異なる戦略を計画す
る。

第 **4** 章

オールハザード BCP の
策定プロセス 2：計画

本章では、実際にオールハザードBCPをどのように策定していくのか、具体的な例をあげながら解説していきます。

オールハザードBCPの目次構成としては、概ね以下のようになります。

第1章　目的・基本方針
1　目的
2　基本方針

第2章　文書体系
1　適用の範囲
2　文書体系
3　文書管理
4　開示範囲
5　用語の定義

第3章　リスク分析
1　対象とするリスクの考え方
2　ロケーションリスク
3　拠点周辺の状況
4　社内の状況

第4章　ハザード発生時の対応体制
1.　設置基準
2.　設置場所
3.　緊急対策本部長および代行者
4.　体制と役割
5.　会議の開催
6.　解散

第5章　優先業務と事業継続戦略
1　優先業務

1 「第 1 章　目的・基本方針」

ここでは、BCP の目的と基本方針を定めます。

（1）目的

オールハザードに対応できる BCP を策定することを明記します。

例

　事業中断を引き起こすいかなる不測の事態が発生したとしても、重要な事業（製品・サービスの供給）を継続するために、いかにして被害を少なくし、早期に復旧・再開させるかを検討し、策定した方針、体制、手順を示すことを目的として策定する。

【補足】

「重要な事業」は、自社の事業内容に合わせて、具体的に記載します。

（2）基本方針

ハザード発生時に、組織全体で共有すべき方針をわかりやすく表現します。対応する全社員に共通の価値観、行動の指針となるものを記載します。

一般に、①人命尊重、②重要事業の継続、③地域社会への貢献などを記載します。

> 例
>
> 当社の社会的責任を全うするため、事業継続に関する基本方針を以下のとおり定める。
>
> （1）人命の尊重
>
> 当社に関わるすべての人々の人命の安全確保を最優先する。
>
> （2）重要事業の継続
>
> （社会機能維持に関する）○○事業を継続する。
>
> （重要顧客向けの）○○事業を継続する。
>
> （3）地域貢献
>
> 地域社会と密接な連携・協調を図り、積極的な地域貢献に取り組む。

【補足】

（2）の重要事業は、いかなる不測の事態が発生しても継続すべき会社の重要事業の具体的名称を記載します。

2 「第 2 章　文書体系」

　ここでは、適用の範囲、文書体系、文書管理、開示範囲、用語の定義など、BCP の文書としての骨格を定めます。

（1）適用の範囲

　本 BCP の適用が及ぶ範囲（組織の範囲または対象となる従業員等の範囲）を明確にします。

> 例
>
> 　本 BCP は、○○○株式会社および○○○グループ会社の全社員を対象とする。

（2）文書体系

　会社の規程類の中での本 BCP の位置づけを明確にします。

> 例
>
> 　危機管理基本規程の下に、オールハザード BCP を定める。
>
> ```
>           危機管理基本規程
>                 │
>          オールハザード BCP
> ```

【補足】

　事業の数、事業所の数によってさまざまな文書体系が考えられます。

　詳細は、本書の第 2 章 1 および COLUMN 2「防災計画と BCP」を参照し

てください。

〈例1　1事業、1事業所の場合〉

BCP　　　　　○○部、○○部、○○部

1つの文書に
防災計画とBPCを
まとめることが可能

事業所の防災計画

〈例2　1事業、複数事業所の場合〉

A事業
のBCP　　　○○部、○○部、○○部　　　　△△部、△△部、△△部

X事業所の防災計画　　　　　Y事業所の防災計画

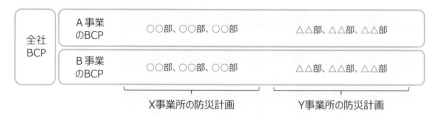

〈例3　複数事業、複数事業所の場合〉

全社
BCP

A事業
のBCP　　　○○部、○○部、○○部　　　　△△部、△△部、△△部

B事業
のBCP　　　○○部、○○部、○○部　　　　△△部、△△部、△△部

X事業所の防災計画　　　　　Y事業所の防災計画

(3) 文書管理

本 BCP の制定・改廃等、文書管理の責任部署を明確にします。

①本 BCP は、総務部が主管する。

②本 BCP の改定は、以下の権限にて実施する。

　極めて重要なもの：社長

　重要なもの　　　：○○常務取締役

　その他　　　　　：総務部長

（4）開示範囲

本 BCP の開示範囲を明確にします。

　本 BCP は、当社イントラネット内のホームページを通じ、適用の範囲である○○○グループの全員に開示し周知する。

　また、必要により監督官庁、行政機関およびその他関係先からの求めに応じて開示できるものとする。

（5）用語の定義

本 BCP に記載する専門用語の言葉の定義を明確にします。

① BCP：事業継続計画（Business Continuity Plan）

　大地震等の自然災害、感染症のまん延、テロ等の事件、大事故、サプライチェーン（供給網）の途絶、突発的な経営環境の変化など不測の事態が発生しても、重要な事業を中断させない、または中断しても可能な限り短い期間で復旧させるための方針、体制、手順等を示した計画のことをいう。

　（出所：「内閣府事業継続ガイドライン（令和5年3月版）」）

② BCM：事業継続マネジメント（Business Continuity Management）

　BCPを継続的に運用・見直しを行い、事業継続を継続的に改善する経営管理活動のことをいう。

　（出所：「内閣府事業継続ガイドライン（令和5年3月版）」）

③ MTPD：最大許容停止時間（Maximum Tolerable Period of Disruption）

　事業の停止を顧客やステークホルダーから許容してもらえる最大の時間

④ RTO：目標復旧時間（Recovery Time Objective）

　・BCP策定上の復旧・再開の目標として設定する時間

　・MTPDと同じか、より短い時間でなければならない。

⑤優先業務

　ハザード発生時には、職員が不足する、電気・ガス・水道などのライフラインの供給停止や機器等が使用不能となるなど、リソースが制約を受ける。このような状況下においてでも、ステークホルダーからの要求事項に応じて、実施しなければならない、中止することが許されない業務のことを優先業務という。

　優先業務は、①通常業務の中の優先業務と、②ハザード発生時に新たに発生するハザード発生時対応業務の2つがある。

3 「第 3 章　リスク分析」

　本書の第 1 章 1（2）で取り上げたとおり、第 2 版から第 3 版にかけて大きく改訂された BCP 策定プロセスの図を比較すると、第 2 版の「災害の特定」と「被害の想定」がなくなり、代わって第 3 版では「リスク分析」が新たに追加されました。にもかかわらず、地震を想定し、政府や地方公共団体が作成し公表している「被害想定」を記載している BCP を今でもよく見かけます。

　それでは、オールハザード BCP の文書では、リスクとその分析内容についてどのように記載すればいいでしょうか。具体例をあげて説明します。

（1）対象とするリスクの考え方

　災害を特定するのではなく、オールハザードに対応できる BCP を作成することを明記します。

　内閣府事業継続ガイドラインの BCP の定義を引用すると、以下のようになります。

> 大地震等の自然災害、感染症のまん延、テロ等の事件、大事故、サプライチェーン（供給網）の途絶、突発的な経営環境の変化など、事業中断を引き起こすさまざまな不測の事態を対象とする。

（2）ロケーションリスク

　オールハザード BCP であっても、ハザードマップ等で発生確率が高いロケーションリスクについては、把握し整理しておく必要があります。ただ

し、それだけではなく不測のリスクもあることを認識しておくことが重要です。

第3章2（1）で分析・検討した結果を整理して記載します。

例

当社の全拠点における、地震リスク、洪水リスク、土砂災害リスクは、以下のとおりである。

①ロケーションリスク

No	機能	拠点名	住所	避難場所	地震の震度	洪水浸水深	土砂災害
1	本社	○○本社	○○県○○市	○○小学校	6強	0.01m以上0.3m未満	―
2	工場	○○工場	○○県○○市	○○小学校	6弱	2m以上3m未満	―
3	工場	○○工場	○○県○○市	○○体育館	5強	0.3m以上2m未満	土砂災害警戒区域
4	倉庫	○○センター	○○県○○市	○○小学校	6強	―	―
5	営業所	○○支店	○○県○○市	○○公民館	6弱	2m以上3m未満	―
6	営業所	○○支店	○○県○○市	○○施設	5強	0.3m以上2m未満	―

②その他（全社共通のリスク）
雪害、竜巻、新型感染症、サイバー攻撃、その他予測できないリスク

（3）拠点周辺の状況

内閣府事業継続ガイドライン（第2版）までは、この項目では地震を想定

し、政府や地方公共団体が作成し公表している「被害想定」を記載していました。しかし、第3版以降では、災害や被害をピンポイントで想定するのではなく、原因となるリスクを特定せずに、事業中断をもたらす事象が発生した結果もたらされる社外リソースの被害の状況について、被害レベルに幅を持たせて記載することが求められます。

例

各拠点の周辺において、以下のようなさまざまな事態が発生する可能性がある。

項　目	被害の可能性
電力	概ね3日間、またはそれ以上の期間、停電することがある。
水道	上水道は、発生後1週間断水、下水道は3週間〜1ヵ月程度は使用不可となることがある。
ガス	発生後5日〜1ヵ月程度のガス供給停止となることがある。
電話（固定・携帯）	発生後2日間は、輻輳・通信規制等によりつながり難くなる。携帯メールは遅配することもあるが概ね利用可能。
インターネット・SNS・Eメール	主要プロバイダーの対策が進んでおり、概ねサービスは継続される。停止したとしても比較的早期に復旧する。ただし利用者側で停電すれば、端末やルーターの停止等により使用できなくなる。
交通機関	【鉄道】架線の損傷等により運転再開まで1ヵ月程度を要することがある。
	【道路】高速道路は点検のため、一時通行制限がかけられる。高速道路、国道等は、陥没・損傷等により通行再開まで1ヵ月程度を要することがある。
	【空港・港湾】施設等の点検のため、一時的に運航は停止される。点検の結果、施設等に被害があれば、被害の程度により復旧まで数日にわたり運休となる。

(4) 社内の状況

　社内の状況は、発生したハザードの規模や対策の状況によって、大小さまざまな状況が考えられますが、本書の第3章4 (2) で述べたとおり大きく3段階に分けて被害レベルを分けて定義することが重要です。(戦略につながるため)

　また、BIA 報告書でリソースの脆弱性(想定ではなく、大きなダメージを受けたり、使用不能となる可能性)を分析してあれば、BIA 報告書を参考資料として紐づけることができます。

例

　ハザードの大きさ等によって被害の程度はさまざまな状況が考えられる。本 BCP においては、被害のレベルに応じて、以下のとおり3つのレベルに分けて考えることとする。

被害のレベル	社内の状況
レベル1	リソースの被害がないか、または軽微で、業務遂行に支障はない。
レベル2	甚大なリソースの被害が発生し、通常の業務の進め方では業務を遂行することができない。 ただし、代替の方法を用いて、被災地の組織において対応可能。
レベル3	壊滅的なリソースの被害が発生し、被災地の組織では対応できなくなり、非被災地からの支援や代替地での対応が必要。

※リソース：業務を遂行する際に必要となる経営資源(人、PC、インターネット環境、IT システム、倉庫、電気、水、製品、車、交通手段、取引先など)

〈参考資料〉
・BIA 報告書

東京都「医療機関の BCP 策定ガイドライン」

　東京都は、2021 年 11 月に、それまでの「首都直下地震の被害想定」に基づくものから、地震だけでなく水害や雷など広く自然災害全般のオールハザード BCP 策定を目指す考え方に大きく変更した「医療機関の事業継続計画（BCP）策定ガイドライン」を公表しました。

〈東京都保健医療局「医療機関の BCP ガイドライン」〉

医療機関の事業継続計画（ＢＣＰ）策定ガイドライン

災害拠点病院向け

☐ 災害拠点病院の事業継続計画（ＢＣＰ）策定ガイドライン（PDF：1,813KB）

☐ 災害拠点病院（ＢＣＰ）文書サンプル（PDF：1,282KB）

☐ 東京都福祉保健局　事前準備に関するチェックリスト（PDF：774KB）

災害拠点連携病院向け

☐ 災害拠点連携病院の事業継続計画（ＢＣＰ）策定ガイドライン（PDF：1,615KB）

☐ 災害拠点連携病院（ＢＣＰ）文書サンプル（PDF：1,244KB）

☐ 東京都福祉保健局　事前準備に関するチェックリスト（PDF：774KB）

一般医療機関向け

☐ 医療機関の事業継続（ＢＣＰ）策定ガイドライン（PDF：1,375KB）

☐ 医療機関ＢＣＰ文書サンプル（PDF：1,069KB）

出所：東京都保健医療局 HP（https://www.hokeniryo.metro.tokyo.lg.jp/iryo/kyuukyuu/saigai/zigyoukeizokukeikaku.html）（2021 年 11 月 4 日公開）

　この医療機関の BCP ガイドラインは、「首都直下地震の被害想定」を一切使用せず、内閣府事業継続ガイドライン（第 3 版）に示す「リスク分析」を取り入れた、オールハザード BCP 策定のガイドラインです。

特に、「災害拠点病院の事業継続計画（BCP）ガイドライン」の 15 ページに記載の「第 3 章　分析・検討　1 リスク分析」の表現は、参考になります。

---

(2) 病院周辺の被害状況を想定する。
　ロケーションリスクが顕在化した場合に、その結果もたらされる経営資源の被害を想定する。これにより特定の災害だけではなく自然災害全般に対応可能な BCP となる。
【補足】
　BCP は、ライフライン等の経営資源の制約下で対応するための計画であり、例えば「停電」が地震に因るものであっても、水害に因るものであっても、「停電」への対応を計画しておけば、災害の種類に関係なく有効となる。

【具体的な表現例】
　Ｙ．ロケーションリスクが顕在化した場合の病院周辺の状況
　本院周辺は、以下のような状況となる可能性がある。
・多数傷病者の発生
・停電、断水、電話不通
・鉄道、道路等、交通手段の寸断
・倉庫・輸送手段等の被害による物流網の途絶

(3) 病院内の被害レベルを想定する。
　病院内の被害の大きさは、災害の大きさによって変わるため、レベルを分けて病院内の被害想定を考える。

【被害レベルの定義（例）】
レベル 1　自院に被害なし（経営資源の制約もなし）
レベル 2　病院施設は使用可能だが、停電など経営資源の制約が発生している
レベル 3　病院施設が使用不可

また、次の図は、災害を特定せず、結果事象に基づいてオールハザードの

BCP を策定する際の考え方を表しており、参考になります。

〈事業影響度分析から戦略、行動計画および事前対策の検討の流れ〉

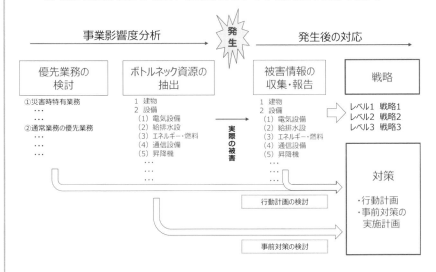

出所：東京都保健医療局「災害拠点病院の事業継続計画（BCP）ガイドライン」
p.18。

4 「第 4 章　ハザード発生時の対応体制」

　通常の組織体制は、事業内容、規模、事業所数などによってさまざまです。

　また、防災のための体制と事業継続のための体制があり、これらの関係を加味して、自社のハザード発生時の最適な体制を決める必要があります。

　詳細は、本書の第 2 章 1 を参照してください。

〈例 1　1 事業、1 事業所の場合〉

〈例 2　1 事業、複数事業所の場合〉

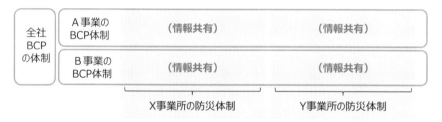

〈例 3　複数事業、複数事業所の場合〉

　以下は、各対策本部の標準的な文書の記載方法を示します。

(1) 設置基準

　対策本部の設置基準を定めます。オールハザード BCP においては、地震の震度による基準だけでなく、あらゆる不測の事態に対応できるように表現します。

(1) 設置基準

設置基準	設置方法
本社または拠点のある地域において、 ・震度 6 弱以上の地震が発生した場合	自動設置
本社（品川）または拠点のある地域において、 ・台風または火災により、当社に甚大な被害が発生した場合 ・その他自然災害、テロ等により、当社に甚大な被害が発生した場合	社長（またはその代行者）が必要と判断した場合に設置

(2) 設置場所

　対策本部の設置場所を定めます。オールハザード BCP においては、あらゆる不測の事態に対応できるよう、複数の方法（オンライン、代替の場所等）を用意しておきます。

　緊急対策本部を、「本社○○会議室」に設置する。

　ただし、ハザード発生時の交通事情等により参集が困難な場合には、参集に代えて、オンライン等により連絡を取り合うことができる。

　また、本社が壊滅的な被害を受け、使用不能となった場合は、「大阪○○ビル○階○○会議室」に設置する。

(3) 対策本部長および代行者

　対策本部長を定めます。あらゆる不測の事態に対応できるよう、本部長が何らかの理由で指揮をとれない場合に備えて、その代行者も複数名決めておきます。

　緊急対策本部長は、代表取締役社長とする。

　ただし、代表取締役社長が不在の場合は、代表取締役社長が任務に就くまでの間は、次の優先順位により本部長代理者を決定し、その代行者がハザード発生時の事業体制を指揮・統括する。

【本部長代行者の優先順位】
　別紙 1　のとおり

（4）体制と役割

　対策本部の体制と役割を定めます。

役職・部署		主な役割
本部長 副本部長		①緊急対策本部の総括、所属の役職員の指揮監督 ②緊急対策本部の設置および設置場所の決定 ③突発的事案の対応策決定 ④平時体制移行の決定
緊急対策 本部事務 局	総務部	①緊急対策本部会議の招集、会議の議事進行 ②全社被害状況のまとめと発信 　突発的事案や例外事案の対応策検討と本部長への具申 ③緊急対策本部の指示事項の発信 ④会社資産（重要書類を含む）の保全
対外窓口 対応	営業部	①取引先の被災状況の収集 ②取引上の対応（支払条件、返品等） ③生産委託先の被災状況の収集 ④サプライヤーの被災状況の収集 ⑤設備メーカーの被災状況の収集
	広報	①マスコミ向け情報の収集と発信 ②商品ＣＭおよびＰＲ活動の自粛検討

対外窓口対応	総務部	①中央官庁などの公的機関からの情報収集 ②中央官庁などの公的機関からの指導や要請事項の収集
	コールセンター	①お客様からのお申し出対応
事業継続対応	営業	①緊急対策本部決定方針の指示と徹底 ②緊急営業取引先への商品供給計画の発信
	調達	①原材料の調達可否情報の収集と必要原材料の確保 ②生産委託先を含む各工場情報の収集と運営維持方法の検討 ③重要生産品目の継続＆復旧計画の立案と指示 ④資機材の調達と応援体制の立案と指示 ⑤物流（配送および倉庫）に関する情報収集と商品の再配分
	システム	①基幹システム、通信ネットワークの早期復旧 ②重要ファイル、データの保全
	経理	①金融機関とのネットワークの被災状況、資金調達方法の確保 ②必要に応じて緊急資金の手配 ③生産委託および原材料仕入先に対する支払手段の確保 ④債権回収先の被災状況
被災者対応	事業所総務	①役職者の安否確認 ②役職員に対する給与支払 ③被災地に対する支援（製品提供、義援金、ボランティア活動等） ④被災従業員の相談窓口

（5）会議の開催

対策本部の体制と役割を定めます。発生直後は、1 日 2 回など、開催頻度も決めておきます。

- 緊急対策本部事務局は、国・地方自治体などを通じ、災害に関する正確な情報、負傷者の状況、および各方面関係機関からの要請事項に関する情報を常時収集する。
- それらの情報を本部長に報告するとともに、必要に応じ、緊急対策本部会議を開催し、対策の策定・変更について検討する。
- 発生直後から1週間程度の会議開催日程を決定する。（毎日午前9時と夕方16時など）

(6) 解散

対策本部の解散の判断基準を定めます。

例

通常の状態に戻り、緊急対策本部長が必要なしと判断し指示した場合に解散する。

5 「第5章 優先業務と事業継続戦略」

(1) 優先業務

本書の第3章3での検討に基づき、各部門の優先業務と、目標復旧時間（RTO）を記載します。

部門	優先業務	RTO
総務 施設管理	緊急対策本部の設置	1 日
	被害情報収集・報告	1 日
	施設設備点検・修理手配	1 日
	帰宅困難者への備蓄品の配布	1 日
	緊急車両申請	3 日
IT システム	ネットワークインフラの維持、基幹システム維持、セキュリティ維持、バックアップシステムへの切り替え	1 日
人事	安否確認対応	1 日
	給与計算対応	1 日
	入社予定者対応	3 日
経理財務	取引先への銀行支払	3 日
	給与支払	3 日
広報	社外アナウンス（ホームページ掲載）	1 日
製造部門	工場の被害状況の把握	1 日
	生産再開	7 日
調達部門	取引先会社の被害状況および在庫の把握	1 日
	調達先の確保	3 日
物流部門	物流倉庫の被害状況の把握	1 日
	物流ルートの確保	3 日
営業部門	被災地の稼働可能な営業要員の把握	1 日
	サポート業務の再開	2 日

（2）事業継続戦略

　本書の第 3 章 4（2）に基づき、各部門の被害レベルに応じた対応戦略を
記載します。

例

被害レベルに応じた事業継続戦略の基本方針を以下のとおりとする。

被害レベル		被害の状況	対応戦略
1	軽微	リソースに大きな被害はなく通常通り業務可能	本来の担当部署で通常通りに対応する。
2	甚大	建物は無事だがさまざまなリソースに被害が発生	本来の担当部署で、リソースを早期に復旧（修理）し、または、通常とは異なる手段で対応する。
3	壊滅	建物が損壊し、避難せざるを得ないほどの状況	上位組織が指揮し、本来の担当部署以外の部署も含めて、社内外のリソース（人員、設備、資機材等）を融通して対応する。（代替の方法）

この基本方針に基づく、各業務の事業継続戦略を以下のとおりとする。

①緊急対策本部の設置

　（本社は平時から東京と大阪にあり、東京が被災した場合）

［レベル2］東京本社に設置する。参集できない場合は、在宅勤務（リモート）で会議に参加する。

［レベル3］東京本社が使用不能となり、RTO以内に復旧できる見込みが立たないときは、大阪本社に臨時の緊急対策本部を設置する。（事前に、責任者、事務局、メンバー等を決めておく）

②支払業務

　（本社は平時から東京と大阪にあり、東京が被災した場合）

［レベル2］本社財務部にて、責任者が、銀行決済システムを使用して送金する。停電時は、用意してあるバッテリーとモバイルWi-Fiを使用する。

[レベル 3] 東京本社のビルが使用不能となり、RTO 以内に復旧できる見込みが立たないときは、大阪の財務責任者が代行して決済する。（事前に、銀行決済システムを大阪の代行者が使用できるよう準備しておく）

③ IT システム

[レベル 2] 基幹業務システムが停止した場合、RTO 以内に早期復旧が可能であれば修理して再開する。

[レベル 3] 基幹業務システムが停止し、RTO 以内に復旧できる見込みが立たないときは、バックアップシステムに切り替えて運用を再開する。

④ （製造業）生産再開

[レベル 2] 工場が被災し生産停止となった場合、RTO 以内に早期復旧が可能であれば、現場を復旧して再開する。

[レベル 3] 工場が被災し生産停止となり、RTO 以内に復旧できる見込みが立たないときは、事前に決めておいた工場（または製造委託先）での代替生産に切り替える。その際、勤務可能な社員と原材料を再配置する。

⑤物流

[レベル 2] 倉庫が被災し一時機能停止となった場合、RTO 以内に早期復旧が可能であれば修理して再開する。

[レベル 3] 倉庫が被災し機能停止となり、RTO 以内に復旧できる見込みが立たないときは、代替倉庫に物流ルートを切り替えて再開する。

⑥ （小売業）店舗営業再開

［レベル2］店舗が一時的に営業不可となった場合、RTO 以内に早期復旧が可能であれば、現場を復旧して再開する。

［レベル3］複数の店舗が被災し営業不可となり、RTO 以内に復旧できる見込みが立たないときは、当該店舗は営業を停止し、被害が少なく営業可能な店舗に、勤務可能な店員と商品を再配置する。

6 「第6章　ハザード発生時の対応計画」

(1) 初動対応

　初動対応は、災害別に対応する内容が変わってきますが、オールハザードBCP では、どのようなハザードが発生しても普遍的に実施すべき、共通の対応を記載します。事業所別に防災マニュアルなどがある場合は、詳細はそれらの防災マニュアルを参照するように関連づけを行います。

例

　（1）安全確保等の対応
・安全確保の行動／避難
　身を守る行動、（建物内にいることが危険な場合）避難
・救助・救護
　エレベーター閉じ込め対応、負傷者対応　など
・二次災害の防止
　初期消火活動、危険場所への立ち入り禁止措置、ブレーカーを落とすなど
　詳細は、各事業所の防災マニュアルを参照

（2）緊急対策本部事務局の初動対応

・安否確認

　安否確認システムの発信（震度 6 弱以上で自動発信）

・通信手段の確保

　SMS/MMS（iPhone）、IP 電話、Outlook メール　など

・緊急対策本部の設置

　ハザード発生時情報の共有、対応方針の意思決定、指揮命令系統の維持

　（以下、第〇章　第〇項「発生時の対応体制」のとおり）

（3）安否確認の対応（全員）

・被災地の社員は、安否確認システムにより安否を報告する。

・緊急対策本部事務局は、情報を集計し関係者に報告（情報共有）する。

・各部門長は、安否確認システムから自部門社員の安否情報を確認する。

　詳細は、安否確認システム利用マニュアルを参照

（4）通信手段の確保（全員）

　以下の通信手段の稼働状況を確認し、使用可能な通信手段を確保する。

・固定／携帯電話、IP 電話

・SMS/MMS（会社支給 iPhone「メッセージ」アプリ）

・Outlook メール

・Teams ／ ZOOM

〈参考　各自でできる電源・Wi-Fi 確保の方法〉

　緊急対策本部メンバーおよび優先業務の責任者・担当者は、以下を参考にして、自宅で電源やインターネット接続環境を整備しておくことを推奨する。

①電源の確保：PC や iPhone への電力供給の方法
・AC100V 電源を備えた自家用車／ハイブリッドの社有車
・太陽電池設置の家屋
・ポータブルバッテリー（災害用／アウトドア用）
・モバイルバッテリー（スマホ用）
② Wi-Fi の確保：インターネット接続の方法
・iPhone のテザリング接続を利用
・ハザード発生時に設置される Free Wi-Fi や公衆無線 LAN サービスの利用
・モバイル Wi-Fi（会社支給も可）

（5）被害情報の収集と報告
・報告基準：震度 6 弱以上の地震が発生した場合、または水害等により
　　　　　　地域に負傷者／停電等ライフライン被害が発生した場合
・報告者　　：各部門責任者、拠点・支店のとりまとめ部門責任者
・報告様式：建物・施設等の被害状況報告書（様式○）
・報告先　　：緊急対策本部事務局
・タイミング：第 1 報（目視）＝発生後速やかに、第 2 報以降＝ 1 回／
　　　　　　　日

（6）情報の共有方法
各主管部門が情報を収集し、以下のとおり関係者で共有する。

〈例 1　イントラネット（社内ホームページ）上に共有サイトを設置する〉

イントラネット
社内ホームページ内

被害情報共有のページ

各主管部門が
情報を収集し、
常に最新版を
アップロードする

・安否確認情報（人事部）
・建物被害情報（施設管理部）
・ライフライン情報（施設管理部）
・道路・鉄道情報リンク（総務部）

・○○事業部顧客被害情報（CS部）
・△△事業部顧客被害情報（CS部）

・取引先被害情報（資材部）

BCP関係者は
各被害情報に
アクセスできる

〈例 2　部門サーバの共有機能を使用する〉

部門サーバ内
（共有フォルダ）

被害情報共有フォルダ

📁 10_安否確認情報（人事部）
📁 11_建物被害情報（施設管理部）
📁 12_ライフライン情報（施設管理部）
📁 13_道路・鉄道情報リンク（総務部）
📁 21_○○事業部顧客被害情報（CS部）
📁 22_△△事業部顧客被害情報（CS部）
📁 31_取引先被害情報（資材部）

各主管部門が
情報を収集し、
常に最新版を
アップロードする

BCP関係者は
各被害情報に
アクセスできる

　その他、安否確認システムの情報共有機能を使用する方法もあります。
（各部門からテキストで被害情報を報告できる機能を持つ安否確認システムも登場しています）

（2）ハザード発生時業務フロー

　ハザード発生時の各部門の時系列の行動の流れを図で表します。

　以下のとおり、各部が被害状況を確認し、被害の程度によって選択すべき戦略を決定します。

　オールハザードBCPでは、リソースの被害状況を把握し、現場復旧が顧客目線のRTOに間に合うかどうかを分析・検討し（リアルなビジネスインパクト分析の実施）、代替方法への切り替えを行うかどうかを判断する、というプロセスを入れることがポイントとなります。

〈オールハザードBCPの標準的な発生時業務フロー図〉

【時間】	総務人事	施設管理	経理財務	広報	事業部門①	事業部門②	事業部門③
初日　初動対応	被害情報の収集	被害情報の収集	被害情報の収集	被害情報の収集	被害情報の収集　代替策の必要性検討	被害情報の収集　代替策の必要性検討	被害情報の収集　代替策の必要性検討
第一回　対策本部会議			被災状況の確認⇒戦略（現場復旧 or 代替方法）の決定				
2日以降　事業継続対応	方針に応じた対応	方針に応じた対応	方針に応じた対応	方針に応じた対応	方針に応じた対応　リソースの再配置	方針に応じた対応　リソースの再配置	方針に応じた対応　リソースの再配置
					RTO以内の再開		

　上記のフロー図をもとに、事業内容や組織体制に応じたフロー図を作成してください。

　参考に、業種別の業務フロー図の例を掲載します。

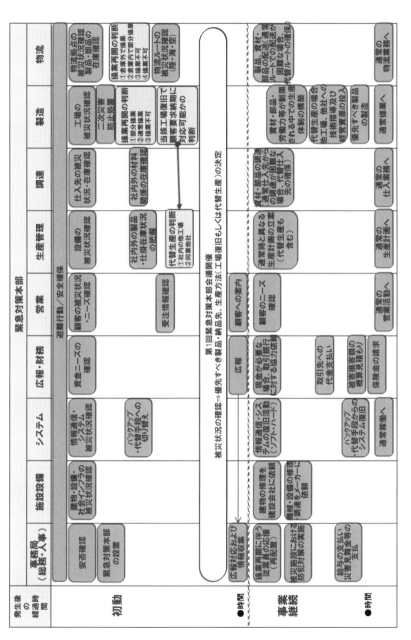

〈例 1　製造業の発生時業務フロー〉

〈〈例2 小売業の発生時業務フロー〉〉

発生後の経過時間	緊急対策本部						営業（卸）店舗（小売）
	事務局（総務・人事）	施設設備	システム	広報・財務／安全確保	商品調達	物流	店舗・消費者のニーズ確認
初動	安否確認	建物・社会インフラの被災状況確認	情報通信システム被災状況確認	避難行動／安全確保 本社・店舗（小売）現金有状況確認	仕入先被災状況・在庫確認	物流拠点の被災状況確認	顧客の負傷状況確認
	緊急対策本部設置			取引銀行の被災状況確認		営業再開の判断 ①倉庫外で操業 ②倉庫内で部分操業 ③通常操業 ④操業不可	店舗の被災状況確認 店舗再開の判断 ①店外で臨時営業 ②店内で部分営業 ③通常営業 ④営業不可
	地域行政・近隣との連携					物流ルート被災状況確認（陸・海・空）	商品在庫確認
					優先すべき商品・納品先の判断		取引先、消費者のニーズ確認

被災状況の確認（店舗、倉庫、商品在庫）⇒ 第1回緊急対策本部会議開催 ⇒ 被災状況確認、要員確保（仕入、商品在庫、商品調達、物流ルート）⇒ 今後の対応方針の決定（店舗・営業所別、商品別）

●時間

	事務局（総務・人事）	施設設備	システム	広報・財務	商品調達	物流	店舗（小売）
事業継続	店舗の順次再開に伴う従業員の応援（再配置）	店舗・倉庫等建物の修理を建設会社に依頼	情報通信システムの復旧活動（ソフト・ハード）	顧客（消費者）への広報	優先商品の調達（通常仕入先からの調達が困難な場合、代替仕入先の確保）	優先商品の配送（通常ルートでの配送が困難な場合、現地への配送ルートの確保）	一部営業開始 津波浸水がなければ当日に店頭販売再開
	被災店舗・倉庫の防犯対策の実施	機械・設備の修理・調達をメーカーに依頼		現金が必要な場合取引銀行に対する協力依頼	事前協定先との連携		建物復旧日に応じ順次営業再開 津波浸水店舗は水引いた後●日以内に再開
	給与の支払い 災害見舞金等の支払い	長期の復旧計画の検討		現金取り扱いルールの決定	販売管理システム（復旧までは伝票による直接発注）		
				取引先への代金支払い	通常の商品仕入業務へ		
				被災損害額の損害見積り			
			通常稼働へ	保険金の請求		通常の物流業務へ	通常の店舗へ

●時間

122

〈例 3 建設業の発生時業務フロー〉

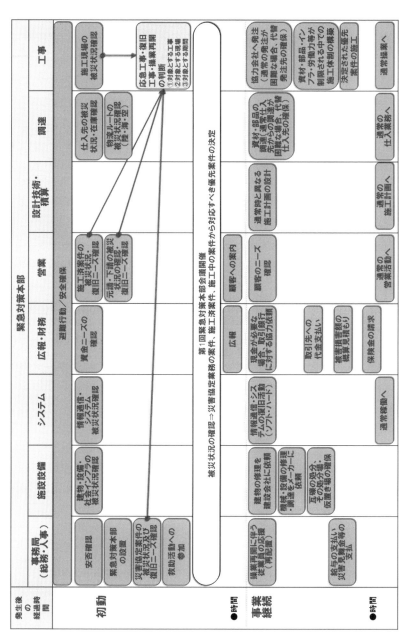

〈例 4 医療機関の発生時業務フロー〉

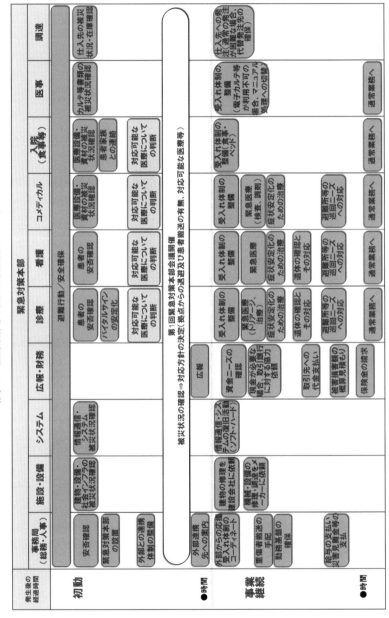

124

《例 5　福祉施設の発生時業務フロー》

緊急対策本部

発生後の経過時間	事務局（総務・人事）	施設・設備	システム	広報・財務	医務	介護	居宅介護・通所介護	給食	調達
					避難行動／安全確保				
初動	安否確認	建物・設備・社会インフラの被災状況確認	情報通信・システム被災状況確認		利用者の安否確認	利用者の安否確認	利用者の安否確認	利用者の安否確認	仕入先の被災状況・在庫確認
	緊急対策本部の設置				バイタルサインの安定化				
	外部との連携体制の整備				提供可能なサービスについての判断	提供可能なサービスについての判断	提供可能なサービスについての判断	提供可能なサービスについての判断	
●時間									

被災状況の確認⇒対応方針の決定（拠点からの退避及び患者搬送の有無、対応可能なサービス等）

第 1 回緊急対策本部会議開催

発生後の経過時間	事務局（総務・人事）	施設・設備	システム	広報・財務	医務	介護	居宅介護・通所介護	給食	調達
事業継続	外部からの応援受入れ体制のコーディネート	建物の修理を建設会社に依頼	情報通信・システムの復旧活動（ソフト・ハード）	広報	利用者・家族への連絡	利用者・家族への連絡	利用者・家族への連絡 利用者の送迎	サービス提供の準備	仕入先への発注 通常の発注が困難な場合、代替発注先の確保
	重篤者等の搬送手配	機械・設備の修理・調達をメーカーに依頼		資金ニーズの確認	サービス提供の準備	サービス提供の準備	サービス提供の準備		
	従業員の勤務基盤の確保			現金が必要な場合、取引銀行に対する部署に依頼			利用者の被害状況アセスメント	暫定的なサービス提供	
	行政・外部機関との連携			取引先への代金支払い	暫定的なサービス提供	暫定的なサービス提供	暫定的なサービス提供		
	給与の支払い 災害見舞金等の支払			薬剤調達額の概算見積もり	通常業務へ	通常業務へ	通常業務へ	通常業務へ	
●時間				保険金の請求					

(3) 部門別行動計画

　ハザード発生時には、「誰がいつまでに何をしたらいいか」を明示する必要があります。これがないと、「BCPを読んでも、私は何をすればいいか、わからない」ということになります。

　そこで、全体の業務フロー図と連動する、部門別にそれぞれの優先業務を時系列に実施する計画を作成します。

　これは、本書の第3章4（1）および（2）で検討した内容をもとに記載します。

　ただし、最終的には、（2）「発生後の業務別対応戦略の検討」の「あるべき姿」を記載したいのですが、「事前のリソース別対応戦略」の「現状」が前提となるので、部門別行動計画では、「現状でできること」を記載することになります。

　現時点でできていないことは「残課題」として、BCPの「第7章　事前対策の実施計画」に記載し、BCMで取り組んでいくことになります。BCMで課題を解決していくと、部門別行動計画の「現状でできること」が「あるべき姿」に近づいていきます。このことを図で表すと以下のようになります。

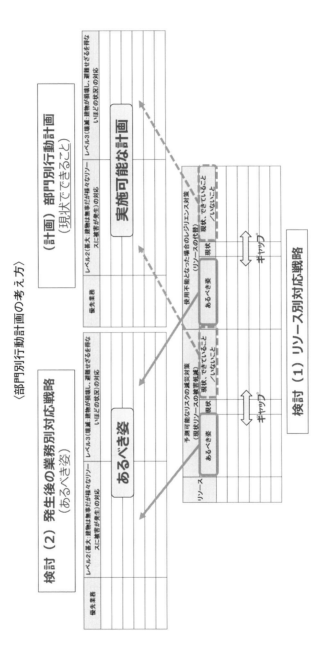

〈部門別行動計画の考え方〉

（計画）部門別行動計画
（現状でできること）

検討（2）発生後の業務別対応戦略
（あるべき姿）

実施可能な計画

あるべき姿

検討（1）リソース別対応戦略

オールハザード BCP では、このような考え方で、部門別行動計画（現状でできること）を計画します。

　被害の程度に応じて選択する戦略が変わってくるので、オールハザード BCP では各優先業務について、以下のようにレベル別にそれぞれの対応を記載します。

　フォーマットは、部門別に以下のように簡易的に一覧表に書くこともできます。

NO	優先業務	レベル 2（甚大）の対応 ※建物は無事だが様々なリソースに被害が発生	レベル 3（壊滅）の対応 ※建物が損壊し、避難せざるを得ないほどの状況

　より詳しく記載する場合は、以下のようなフォーマットにするとよいと思います。

〈オールハザード BCP の部門別行動計画の記載方法〉

【○○部門】

優先業務		目標復旧時間（RTO）	
レベル 1			
レベル 2			
レベル 3			

優先業務		目標復旧時間（RTO）	
レベル 1			
レベル 2			
レベル 3			

（以下、優先業務の数だけ繰り返し）

【補足】

[レベル 1] 被害レベルが「軽微」のときの優先業務の実施方法。ほぼ被害がない状況なので、優先業務の内容をそのまま記載することになります。

[レベル 2] 被害レベルが「甚大」のときの優先業務の実施方法。リソースに甚大な被害が出ている状況（停電、通信不通、要員不足、など）での、復旧（一部代替の方法を含む）戦略を記載します。

[レベル 3] 被害レベルが「壊滅」のときの優先業務の実施方法。建物が崩壊するなど、通常の場所や方法では業務を実施できない場合の、代替戦略を記載します。

以下に、具体例をあげますので参考にしてください。

【総務人事部門】

優先業務	緊急対策本部の設置	目標復旧時間（RTO）	6H
レベル1	本社○○会議室に設置する。		
レベル2	参集できるメンバーは本社○○会議室に集まり設置する。 交通手段寸断等により参集できないメンバーは、在宅勤務等テレワークによりアクセスして、バーチャルに緊急対策本部に参加する。		
レベル3	本社が使用不可の場合、○○支店に臨時の緊急対策本部を設置する。 緊急対策本部メンバーは、在宅勤務または、サテライトオフィスからテレワークによりアクセスして、バーチャルに緊急対策本部に参加する。		

　本社が使用不可の場合の、代替場所の調整ができていない場合、「現状できること」として、レベル3は、以下のような表現にする。

レベル3	本社が使用不可の場合、**事後に郊外のサテライトオフィスまたはホテルの会場を手配し**、臨時の緊急対策本部を設置する。 緊急対策本部メンバーは、在宅勤務または、サテライトオフィスからテレワークによりアクセスして、バーチャルに緊急対策本部に参加する。

【経理部門】

優先業務	支払業務	目標復旧時間（RTO）	3日
レベル1	本社財務部にて、責任者が、銀行決済システムを使用して送金する。		
レベル2	停電時は、用意してあるバッテリーとモバイルWi-Fiを使用する。または、本社財務部の責任者が在宅勤務により、銀行決済システムを使用して送金する。（事前に、在宅勤務で銀行決済システムを使用できるよう準備しておく）		
レベル3	本社ビルが使用不能となり、RTO以内に復旧できる見込みが立たないときは、大阪の財務責任者が、代行して決済する。（事前に、銀行決済システムを大阪の代行者が使用できるよう準備しておく）		

　事前に、銀行決済システムを大阪の代行者が使用できる準備が整っていない場合、「現状できること」として、レベル 3 は、以下のような表現にする。

レベル 3	本社ビルが使用不能となり、RTO 以内に復旧できる見込みが立たないときは、**事後に**大阪の財務責任者が代行して決済できるよう**銀行と調整する。（可能かどうかは未定）**

【IT 部門】

優先業務	IT システム	目標復旧時間（RTO）	内容により 1 日〜 3 日
レベル 1	社内で使用する各種システムの稼働を維持する。		
レベル 2	システムが停止した場合、RTO 以内に早期復旧が可能であればパッチをあてるなど修復して再開する。		
レベル 3	システムが停止し、RTO 以内に復旧できる見込みが立たないときは、バックアップシステムに切り替えて運用を再開する。		

　切り替えて運用できるバックアップシステムが整備できていない場合、「現状できること」として、レベル 3 は、以下のような表現にする。

レベル 3	システムが停止し、RTO 以内に復旧できる見込みが立たないときは、**新規にサーバを手配してアプリケーションをインストールし、バックアップしてあるデータを投入して運用を再開する。（RTO 以内の再開は不確定）**

【製造部門】

優先業務	重要製品の生産	目標復旧時間（RTO）	7 日
レベル 1	装置等の点検をして、生産を再開する。		
レベル 2	工場が被災し生産停止となった場合、RTO 以内に早期復旧が可能であれば、現場を復旧して再開する。		
レベル 3	工場が被災し生産停止となり、RTO 以内に復旧できる見込みが立たないときは、事前に決めておいた工場（または製造委託先）での代替生産に切り替える。その際、勤務可能な社員と原材料を再配置する。		

代替生産可能な工場（または製造委託先）を事前に確保できていない場合、「現状できること」として、レベル3は、以下のような表現にする。

レベル3	工場が被災し生産停止となり、RTO 以内に復旧できる見込みが立たないときは、**事後に代替生産可能な工場（または製造委託先）に依頼し、**代替生産に切り替える。その際、勤務可能な社員と原材料を再配置する。

【物流部門】

優先業務	物流業務	目標復旧時間（RTO）	3日
レベル1	装置等の点検をして、物流業務を再開する。		
レベル2	倉庫が被災し一時機能停止となった場合、RTO 以内に早期復旧が可能であれば修理して再開する。		
レベル3	倉庫が被災し機能停止となり、RTO 以内に復旧できる見込みが立たないときは、代替倉庫に物流ルートを切り替えて再開する。		

代替可能な倉庫を事前に確保できていない場合、「現状できること」として、レベル3は、以下のような表現にする。

レベル3	倉庫が被災し機能停止となり、RTO 以内に復旧できる見込みが立たないときは、**事後に代替可能な倉庫を手配して物流ルートを切り替え、**再開する。

【店舗営業部門】

優先業務	店舗での水・食料の営業再開	目標復旧時間（RTO）	2日
レベル1	商品の陳列等を整え、店舗での水・食料の営業を再開する。		
レベル2	店舗が一時的に営業不可となった場合、RTO 以内に早期復旧が可能であれば、現場を復旧して再開する。		
レベル3	複数の店舗が被災し営業不可となり、RTO 以内に復旧できる見込みが立たないときは、被災店舗は営業を停止し、あらかじめ調査してある店員の勤務可能店舗の情報をもとに、被害が少なく営業可能な店舗に店員を再配置する。		

　店員の勤務可能店舗の調査ができていない場合、「現状できること」として、レベル3は、以下のような表現にする。

レベル3	複数の店舗が被災し営業不可となり、RTO以内に復旧できる見込みが立たないときは、被災店舗は営業を停止し、**事後に店員に勤務可能店舗を調査し**、被害が少なく営業可能な店舗に店員を再配置する。

7 「第7章　事前対策の実施計画」

　本書の第3章4で検討した、「リソース別対策検討用フォーマット」（p.82）の「現状できていないこと」を残課題として整理します。この残課題は、前述の部門別行動計画で、「あるべき姿」をそのまま書くことができず「現状でできること」の記載にせざるを得ない原因となったものです。

　この残課題＝事前対策を一覧表にし、誰がいつまでに対応するのか、以下のような「事前対策の実施計画」を策定します。

No	リソース	実施内容	担当部署	目標期限

　今後、この計画に基づいて着実に実施し、進捗管理していくことで、ハザード発生時の対応力は向上していきます。

《例：検討（1）リソース別対策検討用フォーマットから残課題を抽出する方法》

[製造業の例]

NO	リソース	実施内容	担当部署	目標期限
1	災害対策本部用 通信手段	バッテリー1台（PC10台、スマホ充電用）、モバイルWi-Fi（5台）	総務課	令和X年X月
2	災害対策本部メンバーの在宅勤務環境	災害対策本部メンバーにノートPC、モバイルバッテリー、モバイルWi-Fiの配布	ITシステム	令和X年X月
3	ITシステム	残課題を解決する事前対策の実施計画を作成する	誰が	いつまでに
4	代替生産			
5	原材料調達先	調達先のBCP策定（含在庫積み増し）支援、または平時から複数購買	調達部	令和X年X月
6	運送委託先	運送会社のBCP策定 または平時支援 または平時からの複数委託	物流部	令和X年X月

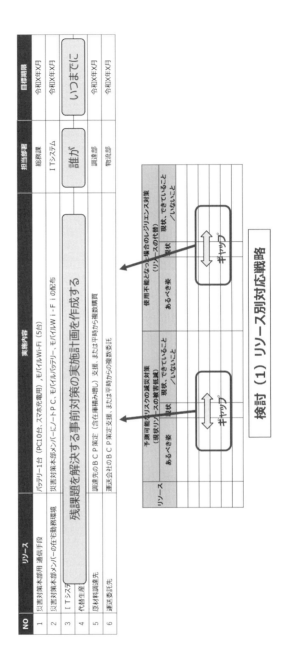

検討（1）リソース別対応戦略

群馬県版オールハザード BCP 策定フォーマット

　群馬県は、2023 年 7 月、県内企業向けに「群馬県版オールハザード BCP 策定フォーマット」を公表しました。

　群馬県の災害特性として、地震ばかりではなく風水害や雷、竜巻などが多く、県内企業は、オールハザード BCP の必要性を感じていたという背景があります。

〈**群馬県版オールハザード BCP 策定フォーマット**〉

「群馬県版オールハザードBCP策定フォーマット」の
見本（記入例）・策定の手引き一式

「群馬県版オールハザードBCP策定フォーマット」の見本（記入例）及び「策定の手引き」を業種ごとに掲載しておりますので、自社の業種のフォーマットをぜひご覧ください。実際に自社でのBCP策定に本フォーマットの活用を希望される場合は、フォーマットデータ（Excel形式）をご提供しますので、下記「群馬県版オールハザードBCP策定フォーマット（記入用シート）の申込方法」により、お申込みください。

【卸小売業向け】群馬県版オールハザードBCP策定フォーマット（PDF：2.9MB）
【卸小売業向け】群馬県版オールハザードBCP策定の手引き（PDF：2.18MB）
【製造業向け】群馬県版オールハザードBCP策定フォーマット（PDF：2.92MB）
【製造業向け】群馬県版オールハザードBCP策定の手引き（PDF：2.15MB）
【建設業向け】群馬県版オールハザードBCP策定フォーマット（PDF：2.93MB）
【建設業向け】群馬県版オールハザードBCP策定の手引き（PDF：2.23MB）
【宿泊業向け】群馬県版オールハザードBCP策定フォーマット（PDF：2.94MB）
【宿泊業向け】群馬県版オールハザードBCP策定の手引き（PDF：2.23MB）
【飲食業向け】群馬県版オールハザードBCP策定フォーマット（PDF：1.34MB）
【飲食業向け】群馬県版オールハザードBCP策定の手引き（PDF：2.43MB）
【運輸業向け】群馬県版オールハザードBCP策定フォーマット（PDF：1.3MB）
【運輸業向け】群馬県版オールハザードBCP策定の手引き（PDF：2.35MB）
【その他汎用】群馬県版オールハザードBCP策定フォーマット（PDF：1.28MB）
【その他汎用】群馬県版オールハザードBCP策定の手引き（PDF：2.34MB）

出所：群馬県 HP「群馬県版オールハザード BCP 策定フォーマットについて」(https://www.pref.gunma.jp/page/217120.html)

「群馬県版オールハザードBCP策定フォーマット」はA3縦2枚の4ページもので、内閣府事業継続ガイドラインのオールハザードBCPの考え方に基づき、「分析・検討」（2ページ）、「計画」（2ページ）に必要項目を盛り込み、穴埋め式で、業種別記入例もあり、簡単に策定できるように工夫されています。

　業種は、卸小売業、製造業、建設業、宿泊業、飲食業、運輸業、6業種とその他汎用版の7種類です。それぞれの事業特性に応じた「リソース別対策」や「戦略」の記入例があります。
　また、「群馬県版オールハザードBCP策定の手引き」は、「群馬県版オールハザードBCP策定フォーマット」を策定する際の考え方や、記入要領が説明されています。

「群馬県版オールハザード
BCP策定フォーマット」（表紙）

「群馬県版オールハザード
BCP策定の手引き」（表紙）

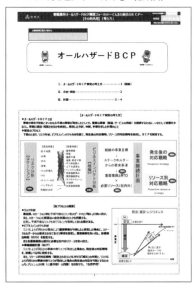

8 「第 8 章　事業継続マネジメント（BCM）」

　BCP の継続的改善を確実に進めるため、BCP の最後の章に、BCM を記載します。

　ただし、本書の第 6 章 3（5）で述べる「BCM 運用マニュアル」を別途策定する場合は、BCP の記載から削除することも可能です。

例

　以下のとおり事業継続マネジメント（BCM）推進体制を構築し、計画的に PDCA サイクルを回すことにより、ハザード発生時行動計画の環境の変化に対応した見直し・改善を図る。あわせて、教育・訓練により関係者の習熟度を高め、BCP を継続的に維持・改善していくこととする。

1　BCM 推進体制
　BCM の推進責任者、担当者は以下のメンバーとする。

（1）推進体制
　【BCM 推進委員会】
　委員長：財務部長
　事務局：緊急対策本部事務局
　メンバー：緊急対策本部メンバー

（2）BCM 推進委員会の役割
　①BCM 活動の統括

②教育・訓練の計画と実施

③事前対策の実施に関する調整・進捗管理

④BCP の維持および更新

（3）定例会議の実施

①前年度の総括および当年度の取組方針　（4月）

②教育・訓練の実施に関する方針　（7月）

③事前対策の実施に関する進捗状況報告　（10月）

④訓練の実施結果の報告および BCP 見直し案　（1月）

2　教育・訓練の実施

年1回は、教育・訓練を実施する。

（別途、BCM 推進委員会事務局で計画する）

3　事前対策の実施計画の進捗フォロー

第○章で計画した事前対策について、以下のとおり進捗をフォローする。

①BCM 推進委員会事務局は、各部門に対して、毎年7月と1月に進捗状況の報告を求める。

②実施計画日が過ぎているのに実施されてない場合は、理由を確認し、実施期限を延長するなどにより、事前対策の実施計画も見直す。

4　維持および更新

次のとおり、定期的に点検し、または不定期に組織や環境の変化に合わせて BCP の内容を見直す。

（1）点検の内容

①内容の抜け・漏れ

②組織の役割、体制、および事業環境の変化に伴う事項の計画への反映

③ BCP の実効性

④「事前対策の実施計画」の実施状況

（2）見直しの時期

①定期見直し

・毎年 4 月

②不定期見直し

・組織改編、または人事異動の発令

・訓練の実施により改善点が明らかになった場合

・実際に災害が発生し、対応した結果により改善点が明らかになった場合

・施設・設備等に変更があった場合

・その他大きな変更があった場合

9 「添付資料」

　オールハザード BCP は、事象を抽象化して、普遍的な考え方や対策を記載しますが、これまで災害別に作成した防災関係の各種資料も、オールハザード BCP に役立ちます。

　このような資料は、オールハザード BCP の添付資料として整理するとよいでしょう。

〈オールハザード BCP に添付する防災関係資料の例〉

・各事業所の防災マニュアル
・地震発生時のポケットマニュアル
・水害警戒用のタイムライン
・新型感染症用感染防止マニュアル
・サイバー攻撃用マルウェア侵入防止対策

《本章のポイント》

・通常時の組織体制は、事業内容、規模、事業所数などによってさまざまであり、また、ハザード発生時の体制にも防災のための体制と事業継続のための体制がある。そのため、それらの関係や組合せをよく考慮したうえで、ハザード時の体制を決める必要がある。

・オールハザード BCP においては、あらゆる不測の事態に対応できるよう、複数の方法を用意しておく。

・オールハザード BCP においては、ハザード発生時に「誰がいつまでに何をしたらいいか」を明示する必要がある。具体的には、部門別にそれぞれの優先業務を時系列に実施する計画を作成する。

・「事前のリソース別対応戦略」の「現状」が前提となるため、部門別行動計画では、「あるべき姿」ではなく「現状でできること」を記載する。

・「現状できていないが対策されるべきこと」＝「残課題」として、誰がいつまでに対応するのかまとめる。BCM で中長期にわたり取り組み、課題を解決していくことで、「あるべき姿」と「現状でできること」のギャップが埋まり、ハザード発生時の対応力が向上する。

第 **5** 章

オールハザード BCP の
訓練について

訓練は、ある災害を特定し、発生から一定期間までの時系列の状況を想定して、シナリオを作成して行うものです。

　したがって、オールハザード BCP の訓練というものはありませんが、オールハザード BCP を検証するために、災害を特定し、BCP 訓練を行う必要があります。

　そこで本章では、さまざまな災害にあてはめて作成できる、標準化したシナリオ作成の方法について説明します。

1　オールハザード BCP の訓練とは

　BCP 訓練の実施方法は、以下のような方法がありますが、本書では、企業内で自主的な実施がしやすい「机上型 BCP 訓練」を取り上げます。

　「机上型訓練」はシミュレーション訓練の１つで、災害発生時の想定シナリオを作成し、時間を追って連続的に状況を付与し、その状況下で与えられる設問に対して、グループ討議を行い、議論をまとめ、発表する形式の訓練です。

　「PDCA を回していきながら BCP を継続的に改善する」という事業継続マネジメント（BCM）の観点で考えると、訓練の対象者は、一般従業員、重要業務の対応部門、または対策本部メンバーなどさまざまです。また、訓練の目的についても、災害時の擬似体験をさせたい、策定済み BCP の検証を行いたい、重要業務を目標以内に再開させるための課題を検討させたい、など企業の BCM への取組み状況（成熟度）によってさまざまなレベルがあります。

　「机上型訓練」は、そのような BCM の成熟度に合わせて、状況付与と設問の組み合わせによるシナリオのレベルを柔軟に変えることができるので、対象者や目的に応じて訓練の難易度を調整しつつ幅広く実施することが可能です。

訓練方式	内容	メリット	デメリット
ウォークスルー	・手順確認テスト ・プロセス単位・業務単位での机上読み合わせ	・対応手順等の理解に適する ・現状把握が可能 ・訓練結果をマニュアル改訂等に活用可能 ・短時間での実施が可能 ・訓練の準備工数が小さい	・難易度を高めることが困難
机上型訓練	・一般従業員向けの災害時緊急対応 ・対策本部要員としての緊急対応 ・現場の長としての緊急対応 ・BCP の発動	・訓練の目的、時間等に応じた訓練内容の設定が可能 ・対応手順等の理解に適する ・討議などを通じ意識の統一が可能 ・事前準備を通じ、要員教育が可能 ・現状把握が可能 ・訓練結果をマニュアル改訂等に活用可能	・行動を伴わないため実務の検証にはならない
リアルタイム型訓練	・対策本部における時系列的な緊急対応（部署ごとの役割の検証） ・対策本部の情報収集および意思決定	・総合的かつ大規模な訓練にも適用可能 ・部署ごとの状況付与がリアルタイムに展開され実務的な訓練が可能 ・事前準備を通じ、要員教育が可能 ・現状把握が可能 ・訓練結果をマニュアル改訂等に活用可能	・全体のシナリオと部署ごとのシナリオの双方を用意する必要があり、訓練の準備工数が大きい

〈机上型 BCP 訓練の概要〉

①参加者をいくつかのグループに分けます。

②参加者には、事前には訓練シナリオを公開しません。

③ある特定の災害発生を想定し、司会は、一定のペースでパワーポイントの
　シートを使い「状況」と「設問」を付与します。

④付与された「設問」に対して、各自の役割に応じて対応すべき事項を、グ
　ループで話し合います。※検討時間の目安：1問あたり5〜10分

⑤一通り「状況＋設問」の付与、およびグループ討議が終わったら、全体で
　の発表会を行います。各グループ、検討した内容を発表します。

※1グループの発表時間はグループの数により、3分〜5分程度が一般的です。
　発表の前に15分程度の検討時間をとる場合もあります。

⑥発表に対して、他のグループから質問や意見等があれば話し合います。

⑦司会から全体の講評・まとめを行います。

⑧参加者からもBCP改善に関する気づきについて、意見交換を行います。

　オールハザードBCPでは、「特定の災害」を、地震、水害、サイバー攻撃
など、さまざまなハザードに変更して、シナリオを作成します。

〈「特定の災害」を入れ替えてシナリオを作成するイメージ〉

訓練シナリオ

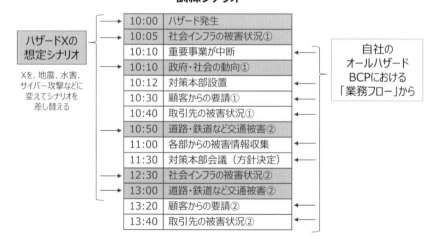

2　訓練の企画

　訓練を実施する場合には、「どういう目的で」「誰を対象にして」「どのような災害を想定して訓練を行うのか」を最初に決める必要があります。そして災害による被害がどのように復旧していくのか、また訓練参加部門がそれぞれの役割機能を果たすためにどのような活動を展開していくのか、それぞれを時系列にまとめたシナリオ作りが必要となります。

　したがって、訓練を企画する際には、一般的に、次のようなステップで検討していくことになります。

〈訓練企画の 7 つのステップ〉

STEP 1：目的の明確化
STEP 2：推進体制の確立
STEP 3：訓練基本事項の設定
STEP 4：被害状況の設定
STEP 5：災害時業務フローの設定
STEP 6：シナリオの作成
STEP 7：回答例または解説の作成

(1)　STEP 1：目的の明確化

　訓練の目的と一言でいっても、どういう観点で捉えるかによっていろいろな切り口があります。想定するリスク、対象者と活動内容、検証項目等の観点があり、それぞれの観点でどういう訓練を行いたいのか、経営層ともよく相談のうえ、考え方を整理します。

〈目的設定の選択肢の例〉

1. 想定する災害
   ① 地震・津波・火災
   ② 水害
   ③ 新型感染症
   ④ 原子力発電所事故
   ⑤ 火山噴火
   ⑥ サイバー攻撃

2. 災害対応のフェーズ
   ① 初動フェーズ　のみ
   ② 初動＋事業継続フェーズ
   ③ 事業継続フェーズ　のみ

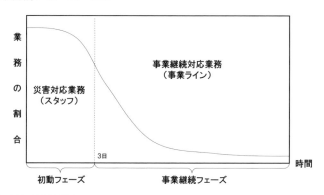

3. 対象者と検証項目
(1) 対象者
   ① 緊急対策本部メンバー
   ② 重要業務担当者
(2) 検証項目
   ① 災害時に発生する事項（擬似体験）
   ② 事業継続計画書（BCP）の理解度向上
   ③ 事業継続計画書（BCP）の検証
   ④ 事業継続に関する課題への対応の検討

(2) STEP 2：推進体制の確立

　目的を明確にした後、訓練の概要やシナリオ作りの検討を始めますが、その前に推進体制を確立する必要がある場合があります。

　初動フェーズのみの訓練の場合は、災害時も総務・人事部門が中心となって活動をしますので、シナリオ作りにあたっても、総務・人事部門を中心とする体制があれば、それ以上の推進体制を新たに構築する必要はありません。

　しかしながら、事業継続フェーズまでを訓練の対象とする場合は、総務・人事部門を中心とする体制だけでは、十分リアリティのある訓練シナリオを作ることは困難です。この場合は、重要業務の業務プロセスや、顧客や取引先などからの要求事項などもシナリオに盛り込んでいく必要があり、関係する事業部門もメンバーに含めた「訓練準備委員会」を組織して、シナリオ作りを進めていくことが必要となってきます。

〈訓練準備委員会の設置と活動の進め方の例〉

---

1. 設置（メンバーの任命）
　緊急対策本部事務局組織（総務・人事等）および訓練参加予定の各部門から実務に精通したメンバーを各 1, 2 名任命し、訓練準備委員会を設置します。

2. メンバーの役割
　訓練準備委員会メンバーは、事業継続に係る災害時の業務フローに関する情報提供を行い訓練のシナリオ（被災想定、状況付与）作りに協力する。
　なお、訓練準備委員会メンバーは、訓練当日はできるだけ訓練には参加せず、観察者役としてオブザーバー参加とする。

3．活動の進め方（例）
　　第 1 回目会議
　　①訓練の目的の確認
　　②訓練基本事項の検討
　　③災害時業務フローの確認とシナリオイメージの検討
　　第 2 回目会議
　　①シナリオ案の提示と検討
　　②状況付与案、課題設問案の検討
　　第 3 回目会議
　　①シナリオ案の最終確認
　　②訓練準備資料の確認
　　③訓練当日の進め方の確認

(3) STEP 3：訓練基本事項の設定

　訓練の目的、推進体制が決まったら、訓練の基本事項を設定していきます。

　訓練基本事項の設定とは、「想定する災害」、「訓練対象部門」、「訓練の日時」、「場所」、「実施方法（タイムテーブル）」、「会場レイアウト」など、訓練の骨格を決めることです。

①想定する災害・発生時間等

　訓練目的に応じて、設定します。

　例えば、地震の場合、当該地域で発生可能性が高いと想定されている地震を取り上げます。なお、直下型地震は全国どこででも発生する可能性があります。

　発生時間について、平日・休日、昼間・夜間等の条件を定めます。

　訓練対象の時間についても、「初日～ 3 日目」「3 日目～ 1 週間」等の条件

を定めます。

②訓練対象部門

　訓練に参加する対象部門を明確にします。対象部門の決定は、想定する災害を決めるのと同じくらい、訓練のシナリオ作りに重要な意味があります。これを曖昧にしておくと、シナリオ作りの際にいろいろと不都合なことが発生するので要注意です。

　対象部門は、訓練を「初動フェーズ」のみか「事業継続フェーズ」も行うかによって、大きく2つに分かれます。初動のフェーズは、スタッフ部門が中心となるのに対し、事業継続のフェーズでは、事業部門が活動の中心となるからです。

［初動のみの訓練の場合］

　一般的には、対策本部を構成するスタッフの各部門が対象部門となります。スタッフ部門とは、総務・人事、施設・設備、システム、広報、財務部門などです。

［初動＋事業継続の訓練の場合］

　上記のスタッフ部門に加えて、重要業務を担当する事業ラインの各部門が対象となります。

　事業ラインの各部門とは、業種によって異なりますが、例えば次の部門などになります。

　　・製造業（営業、生産管理、調達、製造、物流）
　　・卸小売（商品調達、物流、店舗統括、各店舗）
　　・建設業（営業、設計技術・積算、調達、工事）
　　・医療（診療、看護、コメディカル、入院、医事、調達）
　　・福祉（医務、介護、居宅介護・通所介護、給食、調達）

対象部門が決まったら、グループ討議を行うためのグループ編成を決めます。グループ編成についても、目的や訓練フェーズによっていろいろと考えられるところであり、状況付与・課題設定のことも十分考慮して、決定する必要があります。

機能別のグループ編成にする場合と、横断的な混成グループにする場合があり、それぞれメリット・デメリットがありますので、目的に応じて選択します。

	機能別のグループ		横断的混成グループ	
グループ編成	総務人事(6)　施設設備(6)　システム(6)　財務(6)　広報(6)		〈Aグループ〉総務人事(2)施設整備(2)システム(2)財務(2)広報(2)	〈Bグループ〉総務人事(2)施設整備(2)システム(2)財務(2)広報(2)
メリット	機能別に、BCP内容の理解度向上や確認を行う場合に討議しやすい		他部門との情報交換・共有が可能全体としての対応方法の検討に向く	
デメリット	他部門との情報交換ができない		機能別の対応が検討できない	

③訓練の日時

訓練の実施日を決めます。実施までの準備期間を考慮し、2〜3ヵ月程度の準備期間を見ておきましょう。

④訓練の実施場所

通常、実際に対策本部を設置することになる場所とします。

⑤訓練の実施方法（タイムテーブル作成）

机上型BCP訓練のタイムテーブルを作成します。

以下に、タイムテーブルの例を示します。

時間		訓練進行	訓練参加者の活動
14:00 〜	5 分	事務局長挨拶	
14:05 〜	15 分	事前説明（目的や訓練の進め方等）	
【シナリオ】			
14:20 〜	8 分	状況付与＋質問①	グループ討議
14:28 〜	8 分	状況付与＋質問②	グループ討議
		適宜休憩	
15:24 〜	8 分	状況付与＋質問⑨	グループ討議
15:32 〜	8 分	状況付与＋質問⑩	グループ討議
15:40 〜	30 分	グループごとの発表	
16:10 〜	15 分	講評・まとめ	
16:25 〜	5 分	総評（緊急対策本部長）	
16:30 〜		終了（訓練実施後アンケート記入）	

※状況付与および質問数は一例。必要に応じて調整してください。

　ここまでの検討が終わったら、「訓練実施要領」を作成し、対象者に案内の文書を発信します。

(4) STEP 4：被害状況の設定（様式 1）

　訓練基本事項の設定が終わると、いよいよシナリオ作りに入っていきます。

　まずは、BCP 訓練として取り上げる特定の災害（地震、水害、サイバー攻撃など）によって発生する被害の状況です。訓練に関係する本社や事業所の被害・復旧状況を大まかに設定するものです。

　これは以下のような「様式 1：被害状況の設定」を使います。記入にあたっては、当該地域の国や県が発表している被害想定に関する資料を参考にしてください。なお、ここでは地震の場合を例としてあげています。

①本社および事業所の記入

　訓練の目的に合わせて、シナリオに関係する本社および事業所（工場、営業所、店舗、物流センターなど）を、簡単な所在地の住所もあわせて記入します。

②被災・復旧状況の想定

　次に本社および事業所の被害状況や、建物・設備、安否／出勤率、IT システム、通信、電気・ガス・水道等、自社およびインフラの被災・復旧状況を時系列に想定します。

　必ずしもすべての項目を埋める必要はありません。訓練シナリオに関係する部分について、ある程度の想定をしておきます。

〈様式 1　被害状況の設定（記入例）※地震の場合〉

項目	経過日数	○○本社 ○○市	拠点 A ○○市	拠点 B △△市	
震度	―	震度 6 強	震度 6 弱	震度 5 強	
火災被害	1 日目	火災	―	―	
	3 日目	火災	―	―	
	7 日目	―	―	―	
電気	1 日目	停電	停電	―	
	3 日目	停電解消	停電解消	―	
	7 日目	停電解消	停電解消	―	
水道 （上水道） （下水道）	1 日目	断水 使用不可	断水 使用不可	―	
	3 日目	断水 使用不可	断水 使用不可	―	
	7 日目	断水 使用不可	解消		

③被害状況のシナリオの作成

　この表をもとに、時系列に、事業継続に関係する本社や事業所の被害状況や復旧状況を想定し、シナリオを作成します。

〈被害状況のシナリオ表現例〉

日時	災害による被害の状況	被害状況のシナリオ	
		発信源	表現例
○月○日 10:00	災害発生	ワンセグ TV ラジオ	○○県南東部を震源とする地震が発生しました。また、各地で火災が発生しています。 震度6強、○○市、○○町、***、 震度6弱、○○市、○○町、***
○月○日 11:00	停電	ワンセグ TV ラジオ	（本社や拠点 A のある）○○市を含む広い範囲の地域で停電が発生しています。
（省略）	（省略）	（省略）	（省略）
○月○日 16:00 2日目	停電	ワンセグ TV ラジオ	○○電力の発表によると、明日（3日目）には、（本社や拠点 A のある）○○市の停電は解消されるとのことです。

(5) STEP 5：災害時業務フローの設定（様式2）

　次に災害時の業務フローを設定します。これは、本書の第4章6（2）の「ハザード発生時業務フロー」があれば、そのまま使用できます。作成していない場合は、以下のとおり作成します。

〈様式2　災害時の業務フロー〉

発生後の経過時間	顧客	緊急対策本部								仕入先
		総務・人事	施設・設備	システム	広報・財務	事業部門A	事業部門B	事業部門C	事業部門D	

①組織名（部門名）の記入

　訓練対象部門を表の上段に記入します。

　以下の記入例では、スタッフ各部門と事業部門を記入しています。広報と財務は別の部門ですが、業務がシンプルなので、業務フロー上は１つの枠に一緒に書くこととしています。

②災害時業務フローの記入

　オールハザードBCPに合わせて、各組織（部門）の業務の流れを記入します。

〈様式２　災害時の業務フロー（記入例）〉

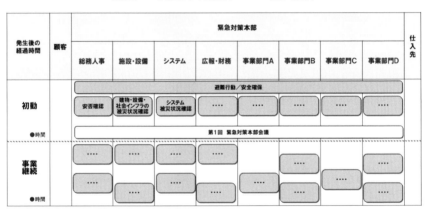

③業務フローのシナリオの作成

　この表をもとに、時系列に、各部門の優先業務に関係する顧客や取引先の被害状況や要求事項を想定し、シナリオを作成します。

〈業務フローのシナリオ表現例〉

日時	災害による被害の状況	被害状況のシナリオ	
		発信源	表現例
○月○日 10:10	緊急対策本部設置		第一候補場所に社長以下、緊急対策本部メンバーが参集し、緊急対策本部を設置した。
(省略)	(省略)	(省略)	(省略)
○月○日 11:30	各部門被災情報確認	施設 G	・建物は外壁にひび割れがあるものの、概ね大丈夫で構内での作業は可能。
		施設 G	・A 棟 3 階の天井板が落下し、製造装置が被災。
		システム G	・地下室のサーバが津波で被災。シャットダウンしデータも消失したもよう。復旧目途も立たない。
		調達部	・主要部品メーカー X 社は甚大な津波被害。復旧の目途は立っていない。
○月○日 13:10	顧客対応	重要顧客	製品 x については、30 日以内に納品するようにとの指示があった。
○月○日 13:40	顧客対応	重要顧客	30 日以内に納品をするためのスケジュールと業務リストを提出するように求められた。
○月○日 14:10	被災状況確認	現場	余震で、エアーが故障し、組立ラインが動かなくなった。
○月○日 14:50	物流倉庫の被災状況確認	倉庫	地震で物流倉庫のマテリアルハンドリング装置が故障し、自動倉庫が機能しなくなった。
(省略)	(省略)	(省略)	(省略)
○月○日 15:20	第 1 回緊急対策本部会議		本日 16 時から、第 1 回緊急対策本部会議を開催することとなった。被災状況の報告と今後の対応方針について話し合うので、各部、被害状況や顧客からの要望事項を整理するよう指示があった。

(6) STEP 6：シナリオの作成（様式 3）

STEP 4 と 5 を検討したところで、それらを 1 つに集約してシナリオを作成します。これは「様式 3　シナリオの作成」を使用します。

下の表はそのイメージですが、被害状況、対応業務の結果、顧客の要求や取引先の状況など、STEP 4 と 5 で設定した状況を時系列に並べて、ストーリーを組み立てていきます。

また、状況に応じた「設問」を考え、挿入します。

そして「設問」に対する検討結果を「発表」する、という流れでシナリオを作成します。

〈被害状況と災害時業務フローを組み合わせたシナリオの例〉

日時	災害による 被害の状況	被害状況のシナリオ	
		発信源	表現例
○月○日 10:00	災害発生	ワンセグ TV ラジオ	○○県南東部を震源とする地震が発生しました。また、各地で火災が発生しています。 震度6強、○○市、○○町、***、 震度6弱、○○市、○○町、***
○月○日 10:10	緊急対策本部設置		第一候補場所に社長以下、対策本部メンバーが参集し、緊急対策本部を設置した。
【設問】 初動対応として必要なことは何ですか？ 各グループの役割に応じて整理してください。（検討時間5分）			
○月○日 11:00	停電	ワンセグ TV ラジオ	（本社や拠点 A のある）○○市を含む広い範囲の地域で停電が発生しています。
（省略）	（省略）	（省略）	（省略）
○月○日 11:30	各部門被災情報確認	施設 G 施設 G システム G 調達部	・建物は外壁にひび割れがあるものの、概ね大丈夫で構内での作業は可能。 ・A棟3階の天井板が落下し、製造装置が被災。 ・地下室のサーバが津波で被災。シャットダウンしデータも消失したもよう。復旧目途も立たない。 ・主要部品メーカー X 社は甚大な津波被害。復旧の目途は立っていない。
○月○日 13:10	顧客対応	重要顧客	製品 x については、30 日以内に納品するようにとの指示があった。

○月○日 13:40	顧客対応	重要顧客	30 日以内に納品をするためのスケジュールと業務リストを提出するように求められた。
【設問】 この段階で、顧客の要請に応えるためには、どのような対応が必要でしょうか？ 各グループの役割に応じて整理してください。（検討時間 5 分）				
○月○日 14:10	被災状況確認	現場	余震で、エアーが故障し、組立ラインが動かなくなった。
○月○日 14:50	物流倉庫の被災状況確認	倉庫	地震で物流倉庫のマテリアルハンドリング装置が故障し、自動倉庫が機能しなくなった。
（省略）	（省略）	（省略）	（省略）
○月○日 15:20	第 1 回緊急対策本部会議		本日 16 時から、第 1 回緊急対策本部会議を開催することとなった。被災状況の報告と今後の対応方針について話し合うので、各部、被害状況や顧客からの要望事項を整理するよう指示があった。
【設問】 緊急対策本部で報告するために、現時点の状況と顧客対応について、整理してください。（検討時間 5 分）				
【発表】 緊急対策本部会議を開始します。 各部、3 分程度で、被害状況や顧客からの要望事項と対応について発表してください。（各部発表 3 分、全体 30 分）				

　目的に応じた適切な「設問」を考え、設問との関連性を意識した「状況」をシナリオに盛り込むことが重要です。

　また、シナリオを作成する際には、各グループに何を考えさせるか、ということをよく考えて「設問」を作り、そのために必要な状況を付与していく、という考え方が必要となります。

　さらに、実際に訓練で実施するためには、以下のようなフォーマット（様式 3）に、シナリオに沿った状況を付与する時間と、想定する時間の 2 つの時間軸で整理します。

〈様式 3：訓練実施用に付与時間と想定時間を整理した例〉

NO	付与時間	日時（想定時間）		経過日	状況／設問
1	14:15	9月12日（水）	AM 10:15	1日目	○○県を震源とする大きな地震が発生
2	14:16	9月12日（水）	AM 10:15	1日目	[館内放送]大きな地震が発生しました。○○の危険があります。決められた避難場所に急いで避難してください。 【設問】避難誘導係として、まずやるべきことは何ですか？
3	14:17	9月12日（水）	AM 10:18	1日目	[ワンセグTV] ○○県内では、○○市、○○市、○○市、○○市、○○町で火災が発生していますが、消火活動はまだ開始されていないようです。
4	14:18	9月12日（水）	AM 10:20	1日目	[ワンセグTV] 固定電話・携帯電話は発信規制が実施され、ほとんどつながりません。ＮＴＴ等が提供する災害時伝言ダイヤルや災害伝言板等を利用してください。また、ＮＴＴは主要な避難場所に無料の公衆電話を設置する計画です。 【設問】情報チームとして、どう対応していきますか？
5	14:20	9月12日（水）	AM 10:36	1日目	代替場所○○に、社長以下対策本部メンバーが参集し、緊急対策本部を設置した。通信手段は、衛星携帯電話が1台あるのみ。非常用発電機はあるが、燃料は24時間分しかない。

6	14:22	9月12日 (水)	AM 10:40	1日目	[店舗 A] 店内の商品が落下し、また壁も天井も大きく破損しており、とてもお客様を店内に案内できる状況にはない。駐車場のスペースにワゴンを持ちだし、水・食料や生活用品などについて優先的に臨時販売を開始した。 【設問】店舗支援部門として、この段階で実施すべきことを整理してください。
7	14:24	9月12日 (水)	AM 10:43	1日目	[店舗 B] 水や食料、特におにぎりやカップヌードルを求めるお客様が多いが、それら商品の在庫が不足。至急届けてほしい。 【設問】商品部として、この段階で実施すべきことを整理してください。
8	14:26	9月12日 (水)	AM 10:50	1日目	[物流倉庫] 事前の激甚災害協定により水・食料等生活必需品が大量に届いたが、どこにどれだけ届けたらいいかが決まっていない。 【設問】商品部として、この段階で実施すべきことを整理してください。

(7) STEP 7：回答例または解説の作成

　訓練を単なるイベントに終わらせるのではなく、学習の場として実り多いものにするためには回答例、または適切な解説を用意することが重要です。

　これは、課題設問の内容によって、次のとおり考えられます。

① BCP に記載されている内容を検証したい場合

　回答例は、BCP を策定した際の背景等を補足しながら、BCP から該当する部分を抜粋して作成します。

〈解説用スライドの例〉

> 設問①の狙いは、……でした。
> BCP の行動計画を確認してみましょう。
> 第○章　第○項
> ○○部門は……する。
> ○○部門は……する。
> ○○部門は……する。
> 実際には……という課題もあります。

②緊急時のある局面における課題を検討したい場合

　正解は 1 つとは限りません。課題設問の設定趣旨・背景を解説し、考えられる回答例をいくつか提示することとなります。会社の経営方針とも関連することになるため、場合によっては、社長または担当役員とも相談のうえ、回答例を準備することになります。

〈解説用スライドの例〉

> 　設問②の意図は、XX を前提として○○○○が起こった場合に、緊急対策本部としてどのような対応をしたらいいかを検討させたい、ということでした。
> 　災害時にこのようなことはよくあると考えられるので、その際の対応を事前に考えておこうというものでした。
> 　以下の 2 つの対応が考えられます。
> 　・・・・・・・・・・・・・・・・・

3 訓練資料の準備

　訓練の企画が概ね固まったら、訓練を実施するために必要な文書を準備していきます。

　あるいは実務的には、先にこれらの文書の出来上がりをイメージして、訓練の概要やシナリオの内容を検討していくという進め方でもかまいません。

　訓練を実施する際に必要な資料は、以下のとおりです。

①訓練実施要領
②司会進行用スライド
③配布用状況付与＋設問シート（②から抜粋したもの）
④回答例または解説（②から抜粋したもの）
⑤訓練実施後アンケート
⑥その他、訓練参考資料（BCP、防災マニュアル、ハザードマップ、フロアレイアウトなど）

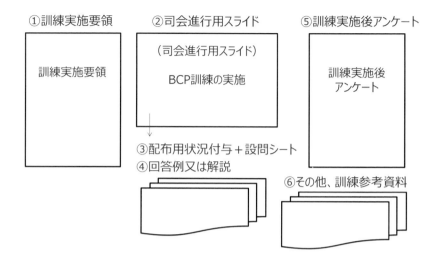

（1）訓練実施要領

　訓練実施要領は、実施する訓練の概要をまとめた企画書として社内で承認するために作成します。承認後は、訓練参加者に対して出席を依頼する際の資料として添付します。

　なお、シナリオや課題設問は、通常は参加者に公開しないため、実施要領には記載しません。

　実施要領の記載内容は、概ね以下のとおりです。

　①訓練目的
　②訓練日時
　③訓練場所
　④訓練対象部門および参加者
　⑤訓練で想定する災害・時間
　⑥訓練の実施方法

⑦会場レイアウトと訓練実施時に使用する機材等

これらの内容は、STEP 1 ～ STEP 3の検討結果をまとめたものとなります。

(2) 司会進行用スライド

司会が、訓練当日に訓練を進行させる際に使用するスライドです。

訓練開始前の説明事項から、個別の状況付与、課題設問の提示、グループ討議、発表、まとめと講評まで、一連の進行に必要な説明事項をパワーポイントにまとめます。

概ね次のとおりとなります。

①事前説明

次の例のとおり、目的、前提条件、タイムテーブル等の説明を用意します。

訓練の目的

（1）地震発生時の疑似体験
　　疑似体験を通じて地震発生直後に起こりうることを具体的にイメージする。それを、実際の対応に活かす。
（2）事業継続計画、防災マニュアル等の理解度の向上
　　災害時の状況に合わせて、それぞれの枠割に応じてどのように対応したらいいか、計画書と照らし合わせて確認していく。
（3）事業継続計画、防災マニュアル等への改善点の反映
　　訓練での気付きを、自社の事案継続計画、防災マニュアル等に反映させ、改善・見直しに繋げる。

前提条件

（1）（想定の）場所
　　本社（●●市●●）とします。

（2）地震発生日時・気象条件
→令和●年●月の平日日中（午後●時）。営業時間中。
→天気晴れ、気温30度、風速0m

（3）皆さんの状況
→本社の災害対策本部メンバー。
　　本社内で勤務中とします。

訓練スケジュール

時刻	内容
8:30-8:40	事前説明 ・訓練の目的 ・前提条件
8:40-9:40	訓練 ・状況と設問の付与、各班での検討（55分） ・発表指名と報告（発表）準備（5分）
9:40-9:50	休憩
9:50-10:10	災害対策本部会議での報告 ・各グループの発表と討議 ・意見交換
10:10-10:25	評価者講評、対応ポイント整理
10:25-10:30	アンケート記入

訓練を開始します

②付与する状況と設問

　様式 3 で作成した状況をもとに作成します。適切に設問も記載します。

例のように、タイトルをつけるとわかりやすくなります。

状況付与 No、想定時刻、付与時刻も記入します。

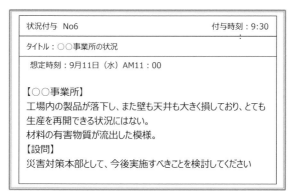

　訓練の目的に合わせて、適切に状況と設問を付与して、グループ討議の時間をとります。進行役、書記、発表者を最初に決めるようにするとグループ討議がスムーズに始まりやすくなります。

　以下、状況と設問の付与を繰り返します。

③発表

　発表時間等、進め方を簡単に説明します。

　各グループ、指定された時間内で発表させます。

```
              発表の時間
  ──────────────────────────

  今から10分間で、各グループ、これまでの設問に
  ついて意見交換し、グループとしての回答をまとめ
  てください。

  発表時間は、各グループ4分です。
  簡潔にまとめて発表してください。
```

④回答例・解説

　STEP 7：回答例または解説の作成で検討した内容をスライドにします。

```
             設問①の回答例
  ──────────────────────────

  設問①の狙いは、・・・・・・・・・でした。
  BCPの行動計画を確認してみましょう。
   第○章 第○項
   ○○部門は、・・・・・・・・・する。
   ○○部門は、・・・・・・・・・する。
   ○○部門は、・・・・・・・・・する。
  実際には・・・・・という課題もあります。
```

（3）配布用状況付与＋設問シート

　次に、配布用の状況付与と設問のシートを用意します。これは上記「司会
進行用スライド」から該当箇所を抜粋して作成します。当日は、状況付与の

タイミングで配布します。

（4）回答例または解説

　上記「司会進行用スライド」から該当箇所を抜粋して作成します。当日
は、講評時に配布します。

（5）訓練実施後アンケート

　「訓練の改善に関する事項」と「BCP の改善に関する事項」に大きく分け
て参加者にアンケートの記入をお願いします。当日、終了時に記入させる方
法もありますが、提出期限には 1 週間程度の猶予を与え、改めて振り返って
もらい、より多くの気づきが出てくることを促す方法もあります。

4 会場レイアウト・備品の準備

（1）レイアウト

　訓練に参加するグループ編成に応じて、会場のレイアウトを設定します。

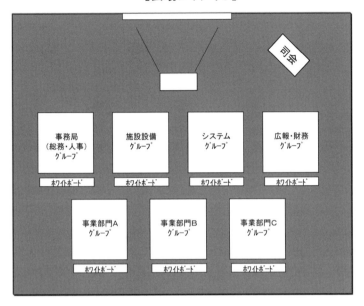

〈会場レイアウトの例〉

【会場レイアウト】

（2）準備する器材・備品

　訓練に必要な備品として、以下のものがあります。必要に応じて準備します。

　十分な数が準備されていない場合、訓練に支障をきたす可能性があります。前もって揃えておくようにしましょう。

　　・PC、プロジェクター、スクリーン
　　・マイク、スピーカー、
　　・デジタルカメラ、IC レコーダー
　　・ホワイトボード（各テーブル分）または模造紙（各テーブル分）
　　・ポストイット（メモが書ける大きめのもの）3色以上

- ・サインペン黒・赤　各テーブル1本ずつ
- ・メモ用 A4 白紙　（各テーブル5枚程度）
- ・デジタル時計　司会席に1つ
- ・訓練場所のフロアレイアウト
- ・ハザードマップ
- ・BCP、防災マニュアル

5 訓練実施後のレビュー

　BCP をよりよいものに改善していくためのもととなるのが、机上型 BCP 訓練を実施したことによって得られた、参加者・訓練事務局メンバーの気づきです。皆さんの事業に精通した社員が訓練を作成し、参加していることで、それぞれが既存の BCP に対する気づきを得ているはずです。

　訓練事務局は、得られた気づきを分析して、課題として検討できるような形に落とし込むことが必要です。

（1）アンケート・気づきの集計

①参加者から回収したアンケート

　アンケートには、訓練の気づきと BCP の気づきがあるので区別して集計します。数値を記入してもらう評価項目は、評価項目別に数値の平均を算出します。

　記入してもらった気づきを、文書ファイルに書き出します。

②訓練事務局の気づき

　訓練事務局メンバーから、訓練時を通じて得られた気づきを提出してもらいます。

訓練参加者アンケートを活用して、訓練事務局の気づきを記入します。

(2) テーマ別分類

大きく訓練に関する気づきと、BCP に関する気づきに分類します。

それぞれの気づきをテーマ別に分類しリスト化します。

分類した結果、同一内容の気づきが多く得られるかもしれません。同一内容のものは、統合して1つの気づきとして、リストに記載します。

何人から得られた気づきであるかも重要な情報となりますので、回答者数もあわせて記録しておきます。

(3) 分析

内容を分析した結果、BCP の改善につながるものについては、BCP に反映させるようにします。

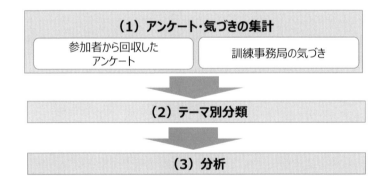

6　BCP の見直し

（1）訓練実施報告書の作成

　訓練事務局は、訓練実施後速やかに、訓練の実施もしくは訓練の準備を通じて得られた BCP の改善に関する気づきを課題として整理し報告書にまとめます。訓練終了後、時間が空いてしまうと関係者の記憶が薄れてしまうので、終了後 1 ヵ月程度を目安に作成するとよいでしょう。

　報告書をまとめたら経営層に報告し、意見を求め承認を得ます。

　報告書の内容は、次の項目を含んだものとします。

項目	内容
訓練の概要	目的、日時、場所、対象者など、訓練の概要を説明します。
総評	訓練の全体的な評価を行います。訓練全体を通じて得られた気づき等を記載します。
訓練に関する改善点	アンケートから得られた分析をもとに、事務局としての見解を加えます。
BCP に関する改善点	
BCP の改善に向けた今後の取組み	分析の結果得られた課題に対する対応策について、大まかな方向性の案を記載します。

<訓練実施報告書の例>

社長	部長	課長	

年　月　日
訓練事務局

１．訓練の概要
　目的、日時、場所、対象者…

　　　　　　　　　　　　　　　　　　写真　　　写真

２．総評
　＊＊＊＊＊＊＊であり、＊＊＊＊

３．訓練に関する改善点

４．BCPに関する改善点

５．BCPの改善に向けた今後の取り組み

テーマ	内容	責任者	期日
＊＊＊＊＊＊	＊＊＊＊＊＊＊＊＊＊＊＊＊＊	＊＊＊＊＊＊＊	＊＊＊＊
＊＊＊＊＊＊	＊＊＊＊＊＊＊＊＊＊＊＊＊＊	＊＊＊＊＊＊＊	＊＊＊＊
＊＊＊＊＊＊	＊＊＊＊＊＊＊＊＊＊＊＊＊＊	＊＊＊＊＊＊＊	＊＊＊＊

以上

(2) 課題への対応と BCP の改善

　訓練のレビューによって得られた課題をもとに、BCP の改善に取り組みます。

　具体的には、事前対策の実施計画や、事業継続戦略、業務フロー、部門別行動計画を、訓練で得られた気づきをもとに、見直します。

　オールハザード BCP では、災害の種類を変えてさまざまなシナリオの訓練を行うことにより、継続的な改善を行うことができます。

　なお、BCM に取り組む目的は何かというと、組織の事業継続力を高めるため、ということになります。さらに事業継続力を高めるために何をすればいいかというと、これまで繰り返し述べてきたように、①いかに被害を少なくするか、②いかに早く復旧するか、の対策を講じることです。

　①は「事前対策」であり、②は「発生後の対応」ですが、②については、計画ができたとしても、それを組織に周知し、人・組織がその計画を実行できる対応力が必要です。

　このことから、事業継続力について以下のように表すことができます。

> 事業継続力＝事前対策＋発生後の対応（計画の中身×人・組織の対応力）

　したがって、事業継続力を高めるための要素は、次の3つになります。

①事前対策
②計画の中身
③人・組織の対応力

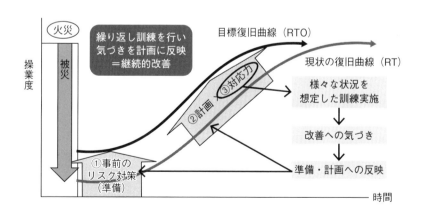

オールハザードBCPの訓練を行った後は、訓練で得られた気づきを、計画の中身や、事前対策に反映し、見直していくことが重要です。

《本章のポイント》

・BCP訓練の実施方法は、①ウォークスルー、②机上型訓練、③リアルタイム型訓練の3つの方法がある。「机上型訓練」は、BCMの成熟度に合わせてレベルを変えられるため、対象者や目的に応じて幅広く実施することが可能。

・訓練を実施する場合「どういう目的で・誰を対象にして・どのような災害を想定して訓練を行うのか」を最初に決める。

・事業継続フェーズまでを訓練の対象とする場合は、重要業務の業務プロセスや、顧客や取引先などからの要求事項などもシナリオに盛り込む必要があるため、事業部門もメンバーに含めて準備を行う。

・目的に応じた適切な「設問」を考え、設問との関連性を意識した「状況」をシナリオに盛り込むことが重要。

・BCPを改善していくうえで重要なのは、机上型訓練を実施することでメンバーの気づきを得て、それをもとに課題を整理することである。

第 **6** 章

持続可能な BCM システムの構築

これまで、オールハザードBCPの策定およびBCP検証のための訓練について説明してきました。本章では、これらの内容を踏まえ、どのように持続的な事業継続マネジメント（BCM）に取り組んで行くべきかまとめます。

1　ビジョン・ドリブンに基づいたBCP策定

(1) 考え方

　本書の第1章2 (2) で、オールハザードBCPを策定するためには、個別の災害で起きた事象に対処する方法（＝イシュー・ドリブン）ではなく、あるべき姿を考え、そこから逆算して課題を設定し、解決行動につなげる方法（＝ビジョン・ドリブン）でBCPを策定する必要があることを説明しました。

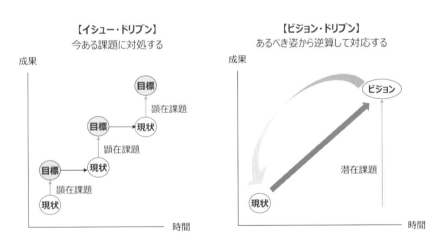

　このように、あるべき姿を設定して、現状とのギャップを課題としてBCPを策定していく「ビジョン・ドリブン」という考え方でBCPを策定しようとすると、今は課題のすべてを解決できているわけではない、未解決の

課題（残課題）が残っている、という状態になることがあります。

　従来の考え方では、それでは、いつまで経っても BCP 策定済みにならないではないか、ということで否定されていましたが、オールハザード BCP をビジョン・ドリブンで策定する考え方は、これを肯定的に捉えます。

　なぜなら、残課題を明らかにし、半年、1年、2年かけて予算措置を行い、1つずつ残課題を解決していくことこそが事業継続マネジメント（BCM）の取組みであり、そこに、持続的に取り組もうとするインセンティブが生まれるからです。

　そういう意味では、いつまで経っても「BCP 策定済み」にならないのです。ずっと BCM に取り組むということは、BCP はずっと「策定中」ということです。それでいいのではないでしょうか。

　オールハザードの BCP を作成し、持続可能な BCM を目指すならば、「BCP は検討すべきことが多く、どこまで考えればいいのですか？」と問われれば、「まず、あるべき姿を描き、現状できていないこと（残課題）を明確にし、時間をかけて1つ1つ解決していきましょう」と答えることになります。

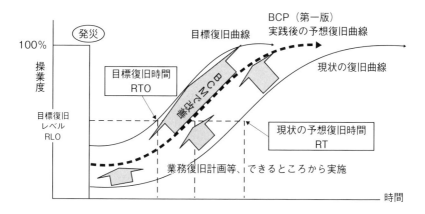

(2) 中期計画と年間計画

　BCM の目的は、組織の事業継続力を高めることであり、事業継続力を高めるための要素は、①事前対策、②計画の中身、③人・組織の対応力であることを、本書の第5章6 (2) で説明しました。

> 事業継続力＝事前対策＋発生後の対応（計画の中身×人・組織の対応力）

　したがって、BCM の取組みは、①事前対策、②計画の中身、③人・組織の対応力のそれぞれの「現状」を評価し、「あるべき姿」を設定し、そのギャップ（＝課題）を埋めるための活動となります。

　その考え方に立って、以下のような中期計画を策定します。

項目	現状の課題	３年後のあるべき姿
事前対策 建物・設備の耐震対策、非常用電源、通信手段、ＩＴシステムの整備　など	・緊急時の情報通信手段が未整備 ・IT システム（サーバ）が１ヵ所 ・在宅勤務の環境整備	・非常用電源および複数の通信手段確保 ・IT システムのクラウド化 ・１人１台のノート PC・VPN の導入
教育・訓練 緊急対策本部の情報収集・意思決定訓練、重要業務に係る課題検討訓練　など	・安否確認方法の周知徹底 ・緊急対策本部の情報収集の習熟	・安否確認訓練の回答率100％ ・緊急対策本部における効率的な情報収集方法の確立・徹底
BCP（計画）見直し 緊急対策本部役割、情報エスカレーション、代替戦略、部門別行動計画　など	・緊急対策本部各班の役割が不明確 ・重要部品の代替調達先が不明確	・緊急対策本部各班の役割の明確化 ・重要部品の代替調達先確保（協定締結）

さらに、その中期計画に基づき、以下のような年間計画を策定します。

	4月	5月	6月	7月	8月	9月	10月	11月	12月	1月	2月	3月
BCM 推進者 連絡会議	●			●			●			●		
事前対策の実施 □非常用電源の確保 □複数の通信手段の 　確保		→→→→		→			→→→→		→			
教育・訓練 □安否確認訓練 □緊急対策本部の情 　報収集訓練		△				△	→→→	▲				
見直し □連絡先リスト □緊急対策本部の役 　割見直し				★		→→→	★					

2　文書管理

（1）考え方

　本書の第2章3で挙げたオールハザード BCP ／ BCM のプロセスの全体像を改めて確認すると、プロセスに応じて以下の3つの文書ができることになります。

　①分析・検討資料「BIA 報告書」
　②オールハザード BCP
　③ BCM 運用マニュアル

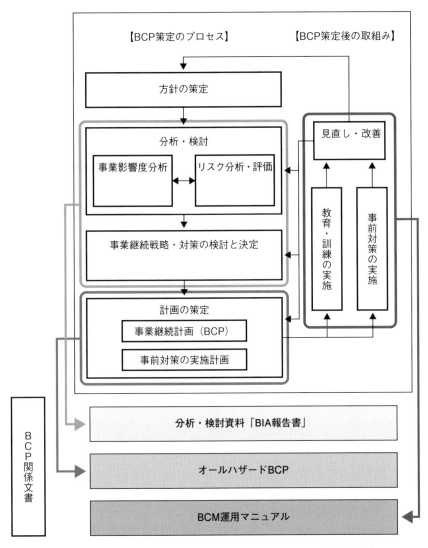

〈BCM プロセス全体像（大枠のみ）〉

【BCP策定のプロセス】　　　【BCP策定後の取組み】

方針の策定

分析・検討

事業影響度分析　　リスク分析・評価

事業継続戦略・対策の検討と決定

計画の策定

事業継続計画（BCP）

事前対策の実施計画

見直し・改善

教育・訓練の実施

事前対策の実施

ＢＣＰ関係文書

分析・検討資料「BIA報告書」

オールハザードBCP

BCM運用マニュアル

出所：内閣府事業継続ガイドライン（令和５年３月版）p.9 に基づき編者作成。

180

まずは、この3つの BCP 関係文書の全体を体系化し、整理することをお勧めします。

〈災害別の BCP をオールハザード BCP の文書体系に変更する例〉

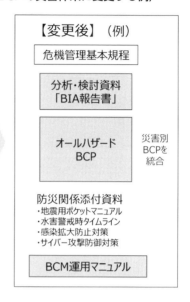

（2）文書番号と改版履歴

全体の文書体系が固まったら、各文書の責任者と改版履歴を残す文書を明確にすることが重要です。

〈文書管理に関するルールの例〉

①文書構成と責任部門
　本社・・・・・「本社事業継続計画書（本社 BCP）」
　各事業部・・・「○○事業　事業継続計画書（事業部 BCP）」

②責任部門
　「本社事業継続計画書（本社 BCP）」・・・・BCM 推進事務局
　「○○事業部 BCP」・・・・・・・・・・・・○○事業部 BCM 推進委員

③文書管理方法
　文書番号
　BCM 推進事務局は、管理台帳を作成して全文書の文書番号を管理する。
　文書番号は、次の基準で採番し、版数管理を行う。
　「BCP － XXX － XX」
　BCP の後の 3 ケタ・・・事業部コード
　右端の 2 ケタ・・・・・・版数（第 1 版は、01）
　※改版した場合は、必ず版数を変更する。

3 仕組みの構築

（1）考え方

　BCP は書類を策定して終わりではありません。

　事前準備を着実に実施したり、教育・訓練を実施したりして、BCP の実効性を高め、必要により BCP の内容を見直し改善していく取組みが必要です。これらの活動を通して、BCM を組織文化に浸透させていくことを目指しましょう。

　ところが実際には、数年前に前任者が策定した BCP がキャビネの中にしまってあり、一度も見直されていない、という企業も多いのではないでしょうか。

〈BCM の風土・文化としての定着（イメージ）〉

出所：「内閣府事業継続ガイドライン（第 3 版）解説書」p.66。

　それでは、BCM の取組みを持続させていくにはどのようにしたらいいで
しょうか。

　国際標準規格（ISO）では、この持続可能な仕組みのことを、「マネジメ
ントシステム」と呼んでいます。

　具体的には、「事前対策の実施計画」で決めた対策をきちんと実施し、「教
育・訓練」を行い、「BCP を見直して改善」していく、それらのことをルー
ル化し、明文化（マニュアルに落とし込む）することが重要です。

　なお ISO では、「監査」の仕組みを持つことまでを含んでいますが、「監
査」の仕組みまでは必要ない、と考える企業が多いと思います。

　本書では、「持続可能な BCM の仕組み＝事業継続マネジメントシステム
（BCMS）」を推奨しますが、ISO 22301（事業継続）の第三者認証を取得す
るつもりはない、という企業は「監査」の仕組みは省略してもいいと思いま
す。

(2) 事前対策の実施

　基本的には、本書の第6章1（2）の中期計画と年間計画に基づいて活動すれば、BCM が回り始めますが、BCP で定めた「事前対策」の実施とその進捗管理が特に重要です。

　BCP の「事前対策の実施計画」は、計画時点で認識された「残課題」です。この計画に沿って、着実に実施していくよう取り組む必要があります。

　というのも、部門別行動計画は、リソース別対策の「あるべき姿」の対策（代替の方法など）ができていない場合、「現状でできること」を記載してありますが、「残課題」を解決することで、部門別行動計画をより実効性のあるものに見直すことができるようになるからです。

　年に1度は、「事前対策の実施計画」の進捗状況を確認し、必要により項目を増やしたり、未実施の場合は原因を究明し、期限を見直したりして修正してください。

(3) 教育・訓練

　策定した BCP の内容を、関係者に周知し実践できるように訓練を行うことが必要です。

　訓練といっても、防災の一環として行う「避難訓練」や休日・夜間に発生した想定で行う「安否確認訓練」、衛星電話を購入した後などに行う「通信手段の使用に関する訓練」、情報システムの復旧訓練、および対策本部を対象として行う「災害時の対応に関するシミュレーション訓練」など、さまざまな訓練があります。

　BCP の継続的改善を目指して、対策本部を対象とする「災害時の対応に関するシミュレーション訓練」を、本書の第5章で説明した方法で、シナリオを作成し、自社での訓練を実施してください。

年に1度は、訓練を行うように計画しましょう。

(4) BCP の見直し・改善

　教育・訓練の実施を通して、また新たな課題が見えてくることがあります。事前準備の進捗によって、計画の修正が必要になることもあります。

　それらを通して、BCP の内容も、柔軟に見直し改善していくことが重要です。

(5) BCM 運用マニュアルの策定

　持続的な BCM の取組みをより確実なものにするためには、「BCM 運用マニュアル」を策定して、ルールを規定することが効果的です。

　以下に、BCM マニュアルの策定例を記載しますので、参考にしてください。

　1.　目的
　　本マニュアルは、事業継続の取組みのうち、平常時の事業継続マネジメント（以下、BCM という）として、会社が実施すべき内容を定めることを目的とする。

　2.　適用の範囲
　　本マニュアルは、会社のすべての部門に適用する。

　3.　BCM の目的
　　　・・・・・・・・・・・・・・・・・・・・・・・・・・・・・・
　　　・・・・・・・・・・・・・・・・・・・・・・・・・・・・・・

4. 推進体制

（1）BCM 推進委員会

　　委員長：社長　　　副委員長：危機管理担当役員

　　事務局長：人事総務部長　　　事務局：人事総務部（危機管理）

　　推進委員：○○事業部、○○事業部、○○事業部、○○事業部、

　　○○事業部の BCP 推進委員

（2）定例会議

　　①前年度の総括および当年度の取組方針　（4 月）

　　②教育・訓練の実施に関する方針　（7 月）

　　③事前対策の実施に関する進捗状況報告　（10 月）

　　④訓練の実施結果の報告および BCP 見直し案　（1 月）

5. 文書管理

（1）文書構成

　　本社・・・・・「本社事業継続計画書（本社 BCP）」

　　各事業部・・・「○○事業　事業継続計画書（事業部 BCP）」

（2）責任部門

　　「本社事業継続計画書（本社 BCP）」・・・・BCM 推進事務局

　　「○○事業部 BCP」・・・・・・・・・・・○○事業部 BCM 推進委員

　　［緊急連絡先リスト］

　　緊急対策本部メンバー連絡先リスト・・・・・・・・・総務部

　　・・・・

　　・・・・

（3）文書管理方法

　文書番号

　BCM 推進事務局は、管理台帳を作成して全文書の文書番号を管理する。

　文書番号は、次の基準で採番し、版数管理を行う。

　「BCP － XXX － XX」

　BCP の後の３ケタ・・・事業部コード

　右端の２ケタ・・・・・・版数（第１版は、01）

　　※改版した場合は、必ず版数を変更する。

（4）番号の表示方法

　文書の右上に、「BCP － XXX － XX」と明記する。

（5）文書管理と配布基準

　「文書管理規程」に基づく秘密区分に従い、右上（文書番号の下）に明記する。

　　例：「社外秘」

　　「開示範囲：本社のみ」

　　「開示範囲：○○事業部、および BCM 推進部門」　など

（6）社内イントラへの掲載

　社内イントラに以下のようなページを作成し、主管部門が各部で責任を持って更新していくこととする。

　[（社内イントラ）BCM のページ]

　文書 NO　　文書名　　　　　緊急連絡先リスト

　001-01　　本社 BCP　　　　・・・・

　002-01　　○○事業部 BCP　　・・・・

（7）見直し

見直しの時期

    a. 定期見直し：毎年 4 月（年 1 回更新）

    b. 不定期見直し：店舗の改廃、大きな人事異動または組織変更があった場合、および次項以降に定める「教育・訓練」、「評価」または「BCP 発動後評価」により BCP 改善点が明確になった場合

（8）見直しに伴う処置

BCP を見直した場合、責任部門は、BCP の巻末に改版履歴を残すとともに、文書管理番号の版数を変更し、BCM 推進事務局にその旨を連絡し、改版後の BCP を提出する。

6. 中期計画の策定

BCM 推進事務局は、3 年に 1 度、事前対策、計画内容、人・組織の対応力の 3 項目に関する中期計画を作成し、社内に通知する。

7. 年間計画の作成

BCM 推進事務局は、年度初めに、教育・訓練計画やレビュー計画を含む年間計画を作成し、社内に通知する。

8. 教育・訓練

（1）基本的な考え方

本社、各事業部とも、年 1 回は必ず BCP 訓練を行うこととする。

（2）教育・訓練計画の立案

BCM 推進事務局は、年度初めに全社の教育・訓練計画を作成する。

また、各事業部の BCM 推進委員は各部門で独自に実施する教育・訓練

計画を作成することができる。この場合、BCM 推進事務局にその旨連絡しなければならない。

（3）進捗管理

　BCM 推進事務局は、上記で定めた計画が予定通り実施されることを確認するとともに、必要な支援を行う。

（4）訓練実施結果の報告

　BCP 訓練を実施した場合は、必ず参加者アンケートを実施し、BCP の改善に関する意見を含めた「BCP 訓練実施報告書」をまとめ、社長の承認を得なければならない。

9.　監査
（1）基本的な考え方

　本社 BCP、事業部 BCP とも、年 1 回は、必ず監査を受けることとする。

（2）監査の実施方法

　①「本社事業継続計画書（本社 BCP）」

　　1）監査実施部門

　　　監査室とする。

　　2）対象部門

　　　人事総務部とする。

　　　ただし、必要によりスタッフ部門の BCM 推進委員に協力を依頼することができる。

　　3）実施方法

　　　STEP 1：人事総務部は、別紙①「（本社 BCP）BCM 評価シート」
　　　　　　　により、自主点検を行い、監査室に提出する。

STEP 2：監査室は、人事総務部にインタビューを行い、自主点検の内容が正しいことを確認し、必要により指導する。

STEP 3：人事総務部は、別紙①「（本社 BCP）BCM 評価シート」に基づき、必要な改善に取り組む。

4）結果報告

監査室は、監査の結果を報告書にまとめ社長に報告する。

②「各事業部の事業継続計画書（事業部 BCP）」

1）監査実施部門

BCM 推進事務局（人事総務部）とする。

2）対象部門

各事業部とする。

3）実施方法

STEP 1：各事業部長は、別紙②「（事業部 BCP）BCM 評価シート」により、自主点検を行い、BCM 推進事務局に提出する。

STEP 2：BCM 推進事務局は、各事業部長にインタビューを行い、自主点検の内容が正しいことを確認し、必要により指導する。

STEP 3：各事業部長は、別紙②「（事業部 BCP）BCM 評価シート」に基づき、必要な改善に取り組む。

4）結果報告

BCM 推進事務局は、評価の結果を報告書にまとめ社長に報告する。

9．BCP 発動後レビュー

　実際に災害等が発生し、BCP を発動した場合には、活動報告書を作成し、BCP の改善点を整理し、社長の承認を得る。

以　上

《本章のポイント》

・BCM に取り組むということは、BCP はずっと「策定中」であるといえる。残課題を明らかにし、時間をかけて 1 つずつ残課題を解決していくことで、持続的に取り組もうとするインセンティブが生まれる。

・BCM の取組みは、①事前対策、②計画の中身、③人・組織の対応力について、それぞれの「現状」を評価し、「あるべき姿」を設定し、そのギャップ（＝課題）を埋めるための活動である。この考え方に立って、中期計画、年間計画を策定する。

・①分析・検討資料「BIA 報告書」、②オールハザード BCP、③ BCM 運用マニュアルの 3 つの文書を体系化し、整理する。

・これらの事業継続マネジメント（BCM）を組織文化に浸透させていくことを目指す。そのために、「事前対策の実施計画」で決めた対策をきちんと実施し、「教育・訓練」を行い、「BCP を見直して改善」していくことを、ルール化、明文化する（BCM運用マニュアルを策定する）。

【執筆者紹介】

〔執筆者〕
東京海上ディーアール株式会社
　坂本　憲幸

〔協力者〕
東京海上ディーアール株式会社
　深津　嘉成
　中村　静華
　近藤　誠
　宮崎　玲子

【編者紹介】

東京海上ディーアール株式会社

1996年8月に東京海上火災保険株式会社の企業向けリスクコンサルティング部門を独立させ、東京海上リスクコンサルティング株式会社として設立。2021年7月に、現社名に変更。企業や自治体などに対して火災爆発、自然災害、新型感染症、サイバーテロ、地政学リスク、製品安全、環境問題、土壌汚染、情報リスク、苦情リスク、コンプライアンス、交通安全、広報対応、海外安全、危機管理、事業継続、サプライチェーンリスクマネジメント、健康経営など幅広い分野において、リスクの評価やリスクの低減、事故発生時の対応に関するコンサルティングを行っている。

https://www.tokio-dr.jp/

2024年2月22日　初版発行　　　　　　略称：オールハザードBCP

実践　不測の時代における
オールハザードBCP

編　　者　ⓒ　東京海上ディーアール株式会社

発 行 者　　中 島 豊 彦

発行所　同 文 舘 出 版 株 式 会 社
東京都千代田区神田神保町1-41　　〒101-0051
営業 (03) 3294-1801　　編集 (03) 3294-1803
振替 00100-8-42935　　https://www.dobunkan.co.jp

Printed in Japan 2024　　製版：朝日メディアインターナショナル
印刷・製本：三美印刷
装丁：オセロ

ISBN978-4-495-39085-3